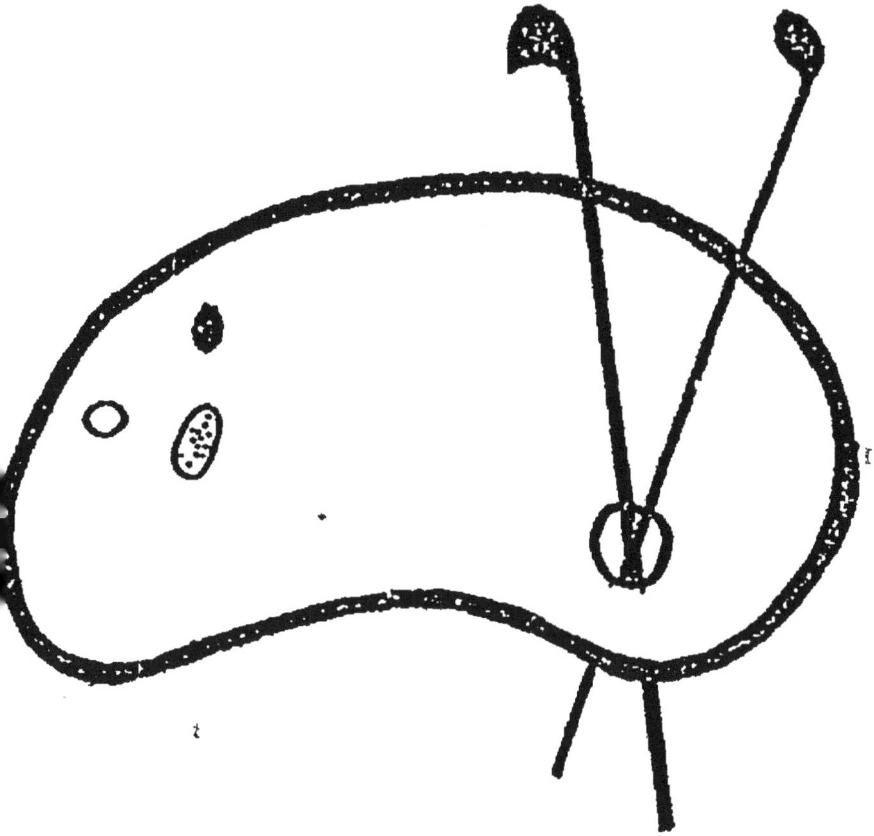

COUVERTURE SUPERIEURE ET INFERIEURE
EN COULEUR

WILLIAM HURRELL MALLOCK.

L'ÉGALITÉ SOCIALE,

ÉTUDE

SUR UNE SCIENCE QUI NOUS MANQUE,

TRADUCTION DE

F. R. SALMON.

PARIS,

LIBRAIRIE DE FIRMIN-DIDOT ET Cie,

IMPRIMEURS DE L'INSTITUT,

RUE JACOB, 56

1883.

EN VENTE A LA MÊME LIBRAIRIE

BIBLIOTHÈQUE LATINE-FRANÇAISE,

PUBLIÉE SOUS LA DIRECTION DE M. D. NISARD
DE L'ACADÉMIE FRANÇAISE

Format grand in-8° à 2 colonnes

CHAQUE VOLUME EST VENDU SÉPARÉMENT AU PRIX DE 12 FR

Ammien Marcellin, Jornandès, Frontin, Modestus, Végece.	1 vol
Caton l'Ancien, Varron, Columelle, Palladius...	1 vol
Celse, Vitruve, Frontin, Censorin	1 vol
Cicéron (Œuvres complètes).....	5 vol
Cornélius Népos, Quinte-Curce, Justin, Valère Maxime, Julius Obsequens	1 vol.
Horace, Juvénal, Perse, Sulpicia, Turnus, Catulle, Properce, Gallus, Maximien, Tibulle et Publius Syrus, Phèdre	1 vol
Lucain, Silius Italicus, Claudien	1 vol
Macrobe, Varron, Pomponius Méla	1 vol
Ovide (Œuvres complètes)	1 vol
Pétrone. Apulée, Aulu Gelle	1 vol
Plaute, Térence, Sénèque	1 vol
Pline l'Ancien, traduit par Littré	2 vol
Quintilien, Pline le Jeune	1 vol.
Salluste, Jules César, Florus, Velléius Paterculus	1 vol
Sénèque le Philosophe	1 vol
Stace, Martial, Manilius, Lucilius Junior, Rutilius, Gratius Faliscus, Némésien, Calpurnius	1 vol
Suétone, Eutrope, Rufus, écrivains de l'Histoire Auguste	1 vol
Tacite, Annales et Histoire.	1 vol
Tertullien, Apologétique, **Saint Augustin,** Cité de Dieu.	1 vol
Tite-Live (Œuvres complètes)	2 vol
Virgile, Lucrèce, Valérius Flaccus	1 vol

Vient de paraître

Notes sur les lettres de Cicéron, *par* **M. Charles Nisard.** 1 vol. 5 fr.

Typographie Firmin-Didot — Mesnil (Eure)

L'ÉGALITÉ SOCIALE,

ÉTUDE

SUR UNE SCIENCE QUI NOUS MANQUE.

TYPOGRAPHIE FIRMIN-DIDOT. — MESNIL (EURE).

WILLIAM HURRELL MALLOCK.

L'ÉGALITÉ SOCIALE,

ÉTUDE

SUR UNE SCIENCE QUI NOUS MANQUE,

TRADUCTION DE

F. R. SALMON.

PARIS,
LIBRAIRIE DE FIRMIN-DIDOT ET Cie,
IMPRIMEURS DE L'INSTITUT,
RUE JACOB, 56.

1883.

AVANT-PROPOS

DU TRADUCTEUR.

Il n'y a peut-être pas dans le monde un seul pays civilisé qui soit à l'abri du malaise dont souffre la société contemporaine, pas un du moins qui puisse se croire affranchi des inquiétudes qui troublent le présent et menacent l'avenir. Cet état général tient à des causes universelles et qui aboutissent partout à des résultats analogues. Cependant les points noirs, qu'il faudrait être aveugle pour ne pas voir, semblent se rapprocher ou s'éloigner, grossir ou diminuer, suivant la contrée d'où on les observe. Si les craintes que la situation fait concevoir en Angleterre ne sont pas d'un caractère si imminent qu'il ne soit permis, nous dit-on, d'en sourire encore, quand elles se traduisent d'une manière trop accentuée, il n'en est pas de même en France ; chez nous, on ne peut devant elles que prendre un air sérieux, et plus on y réfléchit, moins on est tenté de se rassurer sur les éventualités que nous réserve peut-être un avenir assez prochain. Le caractère national des deux peuples d'une part, la constitution politique de l'autre, expliquent cette différence d'appréciation qui répond à des situations différentes. En France, des masses toujours armées par le suffrage universel d'un bulletin de vote, qui peut amener les violents au pouvoir, des foules très excitables et sans cesse excitées par des prédications sauvages, qui se produisent librement tous les jours, souvent prêtes à passer de la théorie à l'action, à appuyer par la force les revendications du nombre, constituent un élément que le flegme britannique joint à la stabilité du gouvernement chez nos voisins d'outre-Manche, ne connaît point encore, dans les mêmes conditions du moins, et placent notre pays en face d'un danger permanent. A part cela, le même antagonisme existe, ici et là, entre le capital et le travail, entre les classes qui possèdent, sans contribuer en rien à la production, et celles qui produisent, sans rien posséder, pour employer des expressions qui ont cours, mais qui sont loin d'être exactes, comme le démontre rigoureusement Mr. Mallock.

L'industrie, depuis un siècle et plus, est entrée en des voies nouvelles, grâce au prodigieux essor que la science lui a donné ; il en est résulté pour les patrons et les ouvriers un état nouveau, dont l'équilibre, si tant est qu'il existe, est perpétuellement instable.

Il a fallu, en présence des créations modernes dues à la découverte de routes nouvelles, à l'action toujours croissante de la presse, à l'application de la vapeur et de l'électricité, à l'étendue comme à la rapidité des relations commerciales, abandonner l'ancien système des corporations, qui représentait jadis une organisation adaptée au besoin des temps et protégeait à la fois, à l'aide de règlements minutieux, les intérêts du patron, de l'ouvrier et du consommateur.

La liberté de l'offre et de la demande a pris la place du régime protecteur, qui ne laissait pas la même initiative, n'offrait pas les mêmes espérances et ne procurait pas au travailleur d'aussi gros bénéfices, mais qui avait au moins l'avantage de lui donner des conditions stables et des moyens d'existence mieux assurés qu'ils ne sont aujourd'hui. Les ouvriers ont trouvé dans la grande industrie une somme de liberté, du moins apparente, beaucoup plus considérable, mais ils se sont vus en même temps livrés à leurs propres forces, sans tutelle effective, et abandonnés sans secours efficaces à la merci des chômages. Leur position est ainsi devenue plus précaire, et l'incertitude du lendemain les a mis dans un état d'agitation qui n'est aucunement propre à fixer solidement les bases de la société.

Si du moins les immenses progrès de la science avaient eu pour résultat d'élever le niveau intellectuel des classes ouvrières, le développement des facultés supérieures et des connaissances solides chez le peuple aurait fourni un élément qui eût donné peut-être une garantie à l'ordre social. Mais c'est le contraire qui a eu lieu. Asservi à un labeur mécanique, le travailleur s'est trouvé plus que jamais enchaîné aux forces aveugles de la matière. Parqué par la spécialisation du travail dans un genre unique d'occupation, l'ouvrier moderne est devenu propre exclusivement à une seule besogne; et comme cette tâche n'exige pas d'ordinaire une grande dépense d'intelligence, que l'exécution en est en quelque sorte routinière, il a baissé dans l'ordre intellectuel, et se trouve à cet égard inférieur à ce qu'était l'ouvrier d'autrefois, qui devait avoir la connaissance au moins des parties principales de son métier.

Les classes moyennes ont été seules à profiter du vaste essor qu'a pris la science. Appelées à diriger le travail, elles ont dû se rendre compte de la complication des méthodes, embrasser l'œuvre dans son ensemble et dans ses détails, et faire un appel constant à l'intelligence et aux lumières acquises. Ainsi s'est accru, au lieu de s'amoindrir, l'écart qui sépare l'ingénieur du simple manœuvre. Et, comme le remarque notre auteur avec une si parfaite justesse, si l'inégalité est profitable aux produits de la civilisation, il y a pourtant dans son application une juste mesure qui ne saurait être dépassée sans un dommage réel.

Pour donner un contrepoids sérieux aux vices de notre système, il eût été indispensable de relever moralement les classes ouvrières, en développant tous les principes propres à mettre le travail en honneur, en leur apprenant qu'elles n'ont pas seulement des droits mais aussi des devoirs, en assurant à la bonne conduite et à l'assiduité une rémunération moins précaire que celle du salaire journalier, en leur persuadant surtout que, si leur tâche est rude en cette vie, si leur partage est inégal, l'heure vient où chacun recevra, non pas suivant sa fortune, mais selon ses œuvres. On a fait tout le contraire. Les doctrines de l'athéisme, parties d'en haut, ont fait un chemin effrayant dans les basses classes. A force d'entendre répéter sur tous les tons qu'il n'y a rien au delà du tombeau, l'ouvrier a fini par le croire; il a pris au mot ceux qui l'endoctrinaient, et cessant de tourner ses regards vers un ciel qu'il croit vide, il a concentré sur la terre toutes ses espérances et renfermé dans le temps présent toutes ses perspectives de bonheur.

Cette éducation a eu un double résultat, l'un dans les faits, qui s'est réalisé sur l'heure, l'autre dans la logique, qui tend également à se traduire dans les actes et qui menace d'un cataclysme notre état social.

Loin de trouver dans l'augmentation croissante de son salaire un moyen de s'élever lui et les siens à une éducation supérieure, un motif d'épargne qui mît sa vieillesse à l'abri du besoin, le travailleur, affranchi des obligations d'une loi morale, qui pour lui n'a plus de sanction, décidé d'ailleurs à se procurer par la jouissance une compensation à son labeur, n'a vu dans l'argent qu'un moyen de satisfaire ses appétits et ses goûts pour les distractions de tous genres et souvent pour les vices les plus grossiers.

« Généralement dépourvu de prévoyance, » écrit M. de Molinari, « l'ouvrier ne se préoccupe que des besoins du jour, il ne met rien en réserve pour les maladies, les chômages et la vieillesse. Sa consommation alimentaire est viciée par l'abus des liqueurs fortes ; le cabaret lui enlève le plus clair de ses ressources, tout en altérant sa constitution physique et morale. Il se marie et met des enfants au monde, sans avoir la moindre idée des obligations qu'impose la formation d'une famille. Faute de moyens suffisants pour entretenir sa femme, élever ses enfants et leur donner l'éducation nécessaire, il oblige l'une à abandonner le ménage pour l'atelier ; il condamne les autres à un travail prématuré et dépassant leurs forces. Au lieu d'un père, ils trouvent en lui, trop souvent, un maître ivrogne et fainéant, qui les exploite comme des esclaves, sans avoir même pour eux les soins intelligents d'un propriétaire pour son troupeau humain. Ceux qui arrivent à l'âge d'homme, affaiblis par un travail hâtif, le manque de soins et des habitudes précoces de débauche, prises dans un milieu vicié, valent moins que leurs pères; écrémée d'ailleurs par l'impôt du sang, qui enlève la fleur de chaque génération, la classe ouvrière va s'affaiblissant et se gâtant; même sous le rapport professionnel, les bons ouvriers deviennent de plus en plus rares. Comme les sauvages, ils ont emprunté d'abord les vices de la civilisation; le contact des classes civilisées, en l'absence d'un appareil de tutelle, leur a été funeste, et il l'a été d'autant plus que ce contact était plus fréquent et plus proche. Aucune classe ne s'est plus gâtée que celle des domestiques, sous le régime du *self government.* »

Interrogez les penseurs les plus éminents, des hommes comme M. Littré ou comme M. Herbert Spencer, qui ne sont pas suspects d'opinions rétrogrades, ils vous diront que les classes ouvrières sont, en raison de leur abaissement, absolument dépourvues de toute aptitude politique. « On doit se demander, » dit ce dernier, dans ses *Essais de politique*, « si vraiment il n'y a pas péril à donner une part de pouvoir politique à des gens qui se font des idées aussi fausses sur les principes mêmes de la société et qui luttent avec tant d'obstination pour faire triompher leurs erreurs... qui ont de la vraie droiture, une notion assez confuse pour se faire un devoir d'obéir aux ordres arbitraires... des despotes ou des chefs de leurs associations, et d'abdiquer ce droit qu'a tout individu de disposer de son travail à son gré ; qui, pour obéir au devoir ainsi pris à rebours, vont risquer de faire périr de misère leurs familles... en qui le sens du juste est si obtus, que les voici prêts à malmener, à priver d'ouvrage... et même à assassiner ceux qui se révoltent contre la dictature et qui maintiennent leur droit de vendre leur travail pour tel prix et à telle personne qu'il leur semblera bon ; des hommes, en un mot, prêts à devenir semblables à des esclaves et à des tyrans ; il est bien permis d'y regarder à deux fois avant de leur donner des droits. »

Ce n'est point ainsi qu'on en a jugé chez nous. Reste à savoir, — et l'expérience, si déjà elle n'est pas faite, ne tardera pas à nous l'apprendre, — si l'état de choses actuel pourra durer longtemps.

Ces idées fausses, ces erreurs que traite si durement Mr. Herbert Spencer, ne forment pourtant qu'une portion bien minime du *credo* politique et économique auquel sont arrivées les classes ouvrières, par une déduction logique de leur abaissement moral et de l'absence chez elles de toute croyance religieuse.

Ne connaissant guère d'autres obligations que des devoirs faux ou factices, l'ouvrier, auquel on ne parle plus que de ses droits, moins justifiés encore au sens où on les entend, se persuade aisément qu'il est l'égal de son patron, ne voit plus en lui qu'un exploiteur digne de toute son aversion et se proclame victime des injustices sociales les plus révoltantes. Au fait, incapable de se gouverner lui-même et privé de la protection qui ne lui manquait pas dans les anciennes maîtrises, il souffre, tantôt de son incurie, tantôt de son incapacité et de l'impitoyable loi de la lutte pour l'existence. Il ne servirait à rien de dire qu'il souffre souvent par sa faute, on ne ferait que constater ainsi le point auquel nous avons déjà touché, à savoir que l'équilibre de l'état social actuel laisse beaucoup à désirer. Et ce n'est point à dire que nous regrettions l'ancien régime qui a été emporté dans le mouvement du progrès. Les transformations de l'industrie moderne qui l'ont rendu vraisemblablement impossible ont importé dans notre civilisation des avantages trop considérables pour qu'on puisse tourner un regard d'envie vers un passé, où les chemins de fer, les bateaux à vapeur, les télégraphes étaient inconnus ; où les famines étaient fréquentes ; où les aliments aujourd'hui les plus indispensables étaient des objets de luxe ; où l'aisance était aussi rare que l'instruction ; où la Bruyère pouvait décrire le paysan comme une variété d'animal sauvage, se retirant la nuit en des tanières, vivant de pain, d'eau et de racines, au jour le jour, et exposé sans cesse à mourir de faim, dès que sa récolte était en souffrance.

Mais enfin, la souffrance des classes ouvrières, dans les chômages, les maladies et la vieillesse, comme aussi dans les familles chargées d'enfants, n'en est pas moins un fait d'une incontestable évidence. Or, avec les principes qu'elles ont reçus, pourquoi voulez-vous qu'elles se résignent à souffrir? On créera peut-être un jour, ce sera l'œuvre de l'avenir, des associations qui, au moyen d'actions au porteur très minimes, dont l'ouvrier pourra se rendre acquéreur, lui assureront une part des bénéfices d'une propriété industrielle et de cette propriété même. Peut-être reviendra-t-on à quelque système analogue à celui des anciennes corporations, en y introduisant toutefois des modifications considérables, rendues nécessaires par le progrès des idées et par les exigences du commerce et de l'industrie. Quand on l'aura moralisé, on lui inspirera ainsi des habitudes d'ordre et d'économie, on l'amènera à déserter le cabaret pour ne plus vivre que dans son usine ou dans sa famille; on aura mis ses vieux jours à l'abri du besoin et fait de lui un petit capitaliste; il y aura là pour notre état social une stabilité que ne lui procureront jamais des augmentations de salaire, qui ont le double inconvénient de servir moins au confortable qu'à la dissipation et de ruiner les industries qui font vivre le travailleur, en les mettant dans l'impossibilité de soutenir la concurrence avec les pays étrangers, où la main-d'œuvre est moins chère que chez nous. Mais en attendant, l'ouvrier qui ne croit pas en Dieu réclame sur-le-champ sa part de bonheur; que peut-il faire, quand il suppose qu'il n'y a rien que le néant au bout de ses chemins mortels, et quand il sait qu'il est à la fois et le nombre et la force?

Il est simplement logique en nous déclarant qu'il en a assez de cet état de choses et que son tour est venu d'avoir sa part de jouissance. L'attendre de l'épargne et de l'économie, compter sur de lentes réformes pour y arriver, n'est pas son affaire, et ceux qui l'endoctrinent se gardent bien de lui proposer des fins aussi éloignées.

Les systèmes qu'on préconise n'ont assurément aucune valeur ; au lieu de conduire à la liberté et au bien-être, ils ne peuvent aboutir qu'à la servitude et à la misère. Mais les masses sont crédules, elles n'ont aucunement la science de l'économie politique, elles accordent une confiance enfantine à tous les charlatans qui veulent les tromper, et le sophiste qui les flatte est toujours le bienvenu auprès d'elles.

Les uns supposent un État tout-puissant et propriétaire de la fortune universelle ; ils veulent substituer son omnipotence à l'initiative individuelle, arracher à ceux qui les possèdent le capital et les instruments de travail, pour les confier aux sociétés ouvrières placées sous sa protection. Or, de toutes les formes de la tyrannie, celle-ci serait assurément la plus violente et la plus dure. Le collectivisme, loin de faire avancer la civilisation, la ramènerait violemment à des formes condamnées depuis plus de deux mille ans et qui n'ont jamais été appliquées avec l'impitoyable rigueur qu'elles revêtiraient alors.

Les autres rêvent une utopie plus séduisante en apparence, grâce à la simplicité qui la met à la portée des masses ignorantes, non moins monstrueuse dans ses résultats et d'ailleurs absolument impossible en pratique : l'égalité sociale donnant à chacun une même part dans la distribution des fruits du travail. Mais cette égalité qu'il faudrait obtenir au prix d'un cataclysme à nul autre pareil et qui entraînerait la ruine de toute notre civilisation, n'aurait pas même l'avantage de subsister quelques jours. Détruite aujourd'hui, l'inégalité serait dès demain reconstituée au profit des capacités qui, quoi qu'on fasse, domineront toujours sur l'imprévoyance et l'impéritie. Fût-elle réalisable, cette égalité ne serait jamais que celle de la misère. Si déjà l'industrie, dans son état le plus florissant, est impuissante à assurer le bien-être et l'aisance à tous les membres de la société, que serait-ce donc à la suite d'une révolution qui l'anéantirait infailliblement, comme le démontre si puissamment l'ouvrage que nous offrons à notre public français?

Mais voilà précisément ce que ne veulent comprendre ni les coryphées de la démocratie, ni ceux qui se laissent prendre à leurs mensonges. Et l'on aurait bien tort de se rassurer sur la fausseté de leurs conceptions pour se persuader qu'elles en seront réduites à l'impuissance de produire jamais une de ces redoutables crises qui donneraient le coup de mort à notre civilisation. Le mensonge, comme nous venons de le dire, quand il flatte les passions, a plus de chances que la vérité de s'implanter dans l'esprit du peuple; il crée plus facilement qu'elle des courants d'opinion, qui n'attendent qu'une occasion pour devenir des courants d'action, qu'aucune digue ne sera peut-être en état de contenir à un moment donné. Quand on considère cette marée montante de la population ouvrière qui s'entasse dans nos cités industrielles et commerçantes, à Paris et à Lyon ; quand on voit ces éléments à la merci de meneurs audacieux et habiles qui les dirigent, qui les retiennent ou les excitent, les font agir à leur gré et dans le sens qui leur convient, on ne saurait dormir tranquille, par cela seul qu'on a pour soi le bon droit et la raison ; on peut tout craindre des entraînements de l'erreur et de la passion. Peut-être l'invasion des barbares dans le monde romain a-t-elle fait moins de ruines que n'en pourrait amonceler, en quelques années ou en quelques mois, la domination sauvage qu'on veut nous imposer. *Caveant consules !*

Il faut applaudir toutefois aux efforts tentés pour éclairer ces masses. Si l'on pouvait faire entrer chez elles la conviction que leurs systèmes sont impraticables autant qu'ils seraient désastreux, on aurait assurément rendu un service signalé à notre société menacée.

C'est le but qu'on se propose dans ce livre, dont l'actualité n'a besoin pour s'imposer d'aucun commentaire. Il faut éclairer les hauteurs pour chasser l'ombre de la plaine. Ce qui fait l'originalité de cet ouvrage, c'est que la thèse est établie d'une façon absolument nouvelle et non moins péremptoire, à l'aide des seuls arguments dont la démocratie elle-même ne saurait contester la valeur.

Notre époque est positive. Toutes les étapes qu'elle a franchies dans la voie du progrès l'ont été au moyen d'une science positive comme elle, la seule devant laquelle on affecte de s'incliner aujourd'hui. Est-il possible, à l'aide de la science expérimentale, de chercher dans le domaine des faits la condamnation ou la justification de systèmes qui, jamais encore sur aucun point du globe, n'ont été mis à l'épreuve de l'expérience? Au premier abord on serait tenté de le nier. Et toutefois il y a un terrain solide où les faits ont parlé et viennent aboutir aux conclusions les plus absolues.

Il y a dans l'humanité une puissance avec laquelle il faut compter, qui durera autant qu'elle et contre laquelle ne peuvent prévaloir ni les impatiences de la passion ni les coups de la force. C'est la nature humaine. Elle est ce qu'elle est. Les utopistes auront beau dire et beau faire, ils n'en feront pas une autre. Qu'on la consulte. Elle n'a pas encore été étudiée à ce point de vue, mais elle a pour nous répondre une quantité innombrable de faits qui lui sont inhérents et essentiels et qui constituent une vraie science expérimentale. Et toute cette science proclame hautement que, dût-on faire du travail, comme le veulent les démocrates, la cause de toute richesse, l'homme ne travaille jamais sans un motif et que le seul motif qu'il puisse avoir est celui d'améliorer sa situation. L'inégalité, ou le désir qu'on a de s'en assurer les avantages, est donc le seul ressort de la nature humaine. C'est elle qui a été la cause de tous les progrès, de toutes les découvertes, de toutes les industries, et c'est par elle seule que peut se maintenir la civilisation.

Les conclusions de notre auteur sont écrasantes comme des faits ou brutales comme des chiffres. Elles ont l'avantage d'être claires et irréfutables comme eux; elles rejettent impitoyablement dans le domaine de la chimère toutes les théories opposées. On n'a jamais rien vu de plus fort que la thèse qui s'élève sur ces bases. C'est un enchaînement de théorèmes, d'un bout à l'autre développé avec la froideur et l'impartialité du raisonnement qui convient aux sciences exactes. Depuis le premier principe jusqu'à la dernière conséquence, tous les anneaux se tiennent, si étroitement rivés l'un à l'autre, que la chaîne en est indestructible.

Au point de vue de la pure raison ou de la seule expérience pratique, la question se trouve ainsi radicalement jugée. Pas un instant, Mr. Mallock n'a été tenté de déserter ce terrain solide pour se placer au point de vue des principes philosophiques religieux ou moraux. Jamais pour lui il ne s'agit de savoir ce qui doit être, mais bien ce qui est en réalité. Le droit et le devoir, si longtemps, et si vainement invoqués, hélas!

n'ont aucune place dans la discussion de notre auteur. L'application des systèmes qu'il combat est-elle réalisable, oui ou non? La possibilité, on la cherche partout, on ne la trouve nulle part; et toute discussion est close, car on n'argumente pas contre l'impossible.

Cette forte logique toutefois ne s'adresse qu'aux penseurs et ne saurait jamais arriver qu'indirectement au peuple. En fût-il autrement, il n'est, nous le savons, pire sourd que celui qui ne veut pas entendre, et nous ne pouvons guère compter sur cet enseignement pour produire sur les masses un effet universel et puissant. Ce qui revient à dire, et c'est par là que nous voulons terminer, que ce n'est point assez de faire effort pour éclairer les classes ouvrières sur leurs véritables intérêts, au point de vue matériel; il faut s'appliquer surtout à les diriger vers un but supérieur, atteindre les volontés, tourner au bien les dispositions intérieures. Et ici, tous les raisonnements humains sont impuissants, c'est à des éléments d'un ordre différent qu'il faut faire appel pour agir efficacement. Hâtons-nous d'arrêter, s'il en est temps encore, l'œuvre démoralisatrice qui travaille à détruire toute conviction religieuse dans les esprits. Rendons au peuple l'idée de Dieu qu'on lui a si imprudemment arrachée. Ramenons-le peu à peu à la connaissance et à la pratique de l'Évangile, en nous inspirant nous-mêmes de son enseignement, dans nos paroles et dans nos actes. L'Évangile! Mais c'est le code de l'ouvrier et du pauvre. Comment les classes inférieures ont-elles pu l'oublier? Comment, au lieu d'en réclamer l'application, ce qui est leur droit, rêvent-elles en dehors de lui de prétendues réorganisations sociales qui, bien loin de faire fleurir l'âge d'or sur la terre, ouvriront l'ère de la misère universelle et mettront le sceau à leur irrémédiable déchéance. L'Évangile, sans doute, ne professe point la doctrine de l'égalité sociale; d'accord avec la raison et avec la nature humaine, il enseigne que Dieu distribue ses dons inégalement, donnant à l'un cinq talents, deux à celui-ci, un seul à celui-là ; mais il enseigne aussi que nous sommes tous les enfants du même Père, qu'un jour l'inégalité sera corrigée et que les derniers d'ici-bas pourront être là-haut les premiers. L'Évangile a remis en honneur le travail manuel, autrefois considéré comme un opprobre. Il n'a jamais excusé aucune des iniquités sociales qui ont désolé le monde à toutes les époques, et nous sommes loin de prétendre que la nôtre en soit exempte ; il a posé des principes qui devaient successivement les détruire et qui pourraient régénérer encore nos institutions au profit de ceux qui souffrent. Il a voulu pour le soulagement de toutes les misères humaines confondre tous les hommes dans les liens d'une charité universelle ; c'est le plus puissant, c'est même le seul effort qui ait jamais été tenté en ce sens. La primitive Église, pénétrée de l'esprit de son fondateur, mettait le soin des pauvres au nombre de ses premiers soucis, tout le superflu des biens des riches y était consacré ; c'était comme une société d'assurance mutuelle dont tous les membres s'aimaient et s'entr'aidaient. *Les fidèles n'avaient tous qu'un cœur et qu'une âme.* Cette mission, l'Église ne l'a point oubliée dans la suite des âges ; elle a dû seulement en modifier les manifestations suivant les exigences des peuples et des temps. Mais son action bienfaisante éclate jusque dans les moindres détails, et beaucoup de ses institutions, celle du dimanche en particulier, ont été établies pour le bien des travailleurs. L'Angleterre en a si bien compris la portée politique et sociale, qu'elle s'est bien gardée d'y toucher. Elle assure et sait même imposer un repos qui profite à l'esprit et dont le corps a besoin.

Mr. Mallock n'entre point dans ces considérations, mais il est loin d'y contredire ; on peut même affirmer qu'il y conduit. En lisant ses irréfutables arguments, on éprouve un véritable regret, celui de penser que les classes populaires les ignoreront toujours. La religion seule pourrait parler à tous ; seule elle servirait de contrepoids aux passions et aux cupidités des foules ; seule, avec le prestige de son autorité et la puissance de son enseignement, elle saurait se faire entendre de la conscience, de l'esprit et du cœur, seule enfin elle donnerait une sanction efficace à sa parole une fois acceptée.

Pour nous résumer en un mot, il nous semble que le jour où les peuples se lèveraient, l'Évangile à la main, pour dire aux puissances, quelles qu'elles soient : Voici le manuel de nos devoirs et de nos droits, nous acceptons les uns et nous maintiendrons les autres, on verrait s'accomplir une révolution qui sauverait la société, et qui serait le couronnement de nos progrès.

25 février 1883.

L'ÉGALITÉ SOCIALE.

UNE SCIENCE QUI NOUS MANQUE.

CHAPITRE PREMIER.

CE QUE VEUT LA DÉMOCRATIE MODERNE.

Nous sommes, je le suppose, dans la principale rue de quelque grande ville de province en Angleterre, en présence d'un spectacle qui chaque jour, dans l'après-midi, peut s'offrir à nos regards. A la porte d'un des plus importants magasins, stationne un superbe coupé ; le chef de l'établissement, debout à la portière de la voiture, reçoit respectueusement les commandes de quelque riche seigneur du voisinage. Sur le tròttoir, en même temps, viennent à passer des figures diverses et bien connues : un avoué, avec ses lunettes et sa redingote noire ; des hommes de peine dont les jaquettes portent les empreintes de la terre ; la femme de l'épicier, avec son boa et ses boucles en tire-bouchons ; puis, c'est un fermier qui fait crier le pavé sous les roues de son dogcart et que suit d'une allure plus lente le phaéton du recteur. Dans cette scène, il y a un point central ; c'est le riche coupé avec celui qui l'occupe. Tous les passants se détournent, ne fût-ce qu'un moment, et témoignent par leur attitude ou par leurs salutations de l'importance du principe qui s'y personnifie. L'avoué y jette un regard furtif ; le fermier lève son chapeau ; le recteur fait un geste de la main. Et ce n'est pas tout, car les personnages secondaires échangent aussi entre eux des coups d'œil et des saluts, et dans chacun de ces signes se traduit une expression de respect ou de condéscendance. Le tout compose une scène qui nous est on ne peut plus familière, dont on se représente sans effort les détails et les incidents ; on n'en saurait trouver, ce semble, de plus prosaïque et de plus vulgaire.

Nous allons y introduire maintenant deux nouveaux personnages, un radical anglais et un démocrate du continent, et voir comment ils vont en être affectés tous les deux. Loin d'envisager ce spectacle avec indifférence et résignation, ils vont nous déclarer ensemble qu'à leurs yeux c'est un composé d'injustices et d'abus, dont tous les détails réclament impérieusement une révolution. Prêtons l'oreille aux paroles du radical. Il n'aura pas de peine à nous dire par où doit commencer ce changement. Il a regardé le coupé et le grand seigneur qui l'occupe : ce qu'il voudrait, nous dira-t-il, c'est que pareille chose fût impossible. Le parc, le château, la chasse réservée et par-dessus tout l'influence territoriale avec les égards dont on l'entoure, tels sont les maux qui offusquent communément un radical. Voilà, nous dirait-il encore, l'incube qui opprime, en l'étouffant, la société contemporaine. Il faut appauvrir le squire ou le pair du royaume, renvoyer ses gens, fermer sa maison, faire une cage à poulets de son coupé, diviser ses domaines, et sur chaque parcelle de son parc morcelé bâtir des maisons. Ces changements réalisés, le radical se tiendrait pour à peu près satisfait. Approchons-nous maintenant de son compagnon, le démocrate extrême et logique; nous verrons qu'une révolution de ce genre ne ferait aucunement son affaire à *lui*. C'est bon pour commencer, dira-t-il, et rien de plus.

Après en avoir fini avec le parc et le château, il gardera toutes ses sévérités pour le grand magasin et pour son propriétaire. Le radical veut anéantir le type de la vie aristocratique, celui-ci veut supprimer aussi le capitaliste des classes moyennes. Le grand seigneur et le riche commerçant sont tous les deux des voleurs qui vivent du travail et de la sueur du peuple. Qu'on fasse donc disparaître du même coup ces deux situations, et qu'on ne tolère pas plus la villa du négociant à la banlieue que la demeure opulente du patricien à la campagne. Le démocrate, en un mot, veut tout bouleverser. Quiconque possède doit être dépouillé de la majeure partie de ses biens, et s'il en garde quelque chose, ce sera en des conditions tout à fait différentes. On imaginerait difficilement une disposition quelconque d'intérieur, un ameublement de n'importe quel genre, une habitude reçue, des usages, des façons de penser ou de s'amuser dont l'existence fût compatible avec la révolution dont il rêve l'accomplissement. Tout ce qui tient plus ou moins à la grande éducation, à la culture personnelle, serait à coup sûr immédiatement supprimé. Le type de l'homme qui se forme dans les loisirs et dans l'étude, dans l'affranchissement des soins vulgaires, dans la fréquentation du monde, dans la possession des œuvres artistiques ou des propriétés territoriales, ce type, dans le système du démocrate, ne trouverait plus sa place. Nous en aurions peut-être un substitut quelconque. De quel genre serait-il? On n'en sait rien. Ce ne serait plus du tout, dans tous les cas, ce qu'on nous aurait enlevé. Et sous ce *régime* tout aurait le même sort. Nous pourrions nous croire alors transportés dans une autre planète.

C'est vers une révolution de ce genre, qui n'atteindrait pas seulement les formes du gouvernement, les lignes spéciales de la politique, mais la répartition de la propriété, les relations des classes entre elles et les conditions journalières de nos vies privées, que se précipite, au dire de plusieurs, le monde moderne; et l'on voit poindre dans les mirages de l'avenir quelque immense catastrophe sociale d'un genre encore inconnu dans l'histoire.

Impossible de dire que leurs prévisions soient dénuées de fondement. Nous vivons à une époque où les passions politiques sont sauvages, où, sous la politique, se déguisent habilement les passions sociales. Celles-ci semblent tenir par leur surface à des questions diverses, et, dans leur origine, elles dépendent effectivement de causes multiples. Mais qu'on les étudie partout où l'on voudra, en quelque contrée, en quelque condition de la vie que ce soit, on verra clairement que ce qui se cache derrière elles, c'est toujours une seule et même pensée. Cette pensée, qui se rattache sans doute à des mouvements nationaux et constitutionnels, n'y touche pourtant qu'en passant; elle se dissimule bien plus qu'elle ne s'exprime dans les discussions locales qu'elle inspire. Elle tient principalement à une question en réalité des plus compliquées, mais qui semble des plus simples, et c'est en grande partie en vertu de cette apparence qu'elle fait si directement appel aux passions. Cette question est celle de la structure actuelle de la société, ou, pour parler avec plus de précision, celle de ses principaux éléments constitutifs. J'entends par là les inégalités qu'on y voit, celles du rang et de l'autorité d'abord, qui sont nominales, mais ensuite et surtout celles de la vie et de la condition privées.

En haut, le petit nombre, ceux qui, sans aucun travail manuel, commandent à leur gré ce genre de travail au grand nombre. En bas, ces masses auxquelles la peine en est imposée et qui ne peuvent jamais jouir elles-mêmes des fruits précieux qu'il procure. Il en résulte que, s'il n'y a nulle part de brusque interruption entre les degrés de l'échelle sociale, il n'en est pas moins vrai qu'en pratique, la vie est à l'une des extrémités toute différente de ce qu'elle est à l'autre. C'est l'organisation que nous voyons aujourd'hui et qui nous est à tous si bien connue. Elle est commune à tous les pays civilisés, et toute notre vie journalière la suppose plus ou moins. C'est précisément à cette organisation que s'attache la pensée moderne, et, pour la première fois dans l'histoire, on la présente à notre jugement pratique comme un état de choses qui peut et qui, par conséquent, doit être modifié.

Avant notre époque, le parti déclaré du progrès ne visait à l'égalité que dans les droits politiques et ne rêvait pas l'égalité dans les conditions de la vie privée. Quelques philosophes visionnaires avaient bien pu y songer sans doute, mais cette manière de voir tenait si peu de place dans l'opinion commune du genre humain, qu'au milieu des plus sauvages excès de la Révolution française, on déclara que *la propriété territoriale et autre serait à jamais sacrée.* Cette Révolution s'attaqua au pouvoir, et non pas aux richesses de l'aristocratie ; elle visa à protéger, non pas à supprimer la pauvreté. Mais depuis lors le parti déclaré du progrès s'est proposé un autre but. Sans cesser, comme par le passé, de battre en brèche le pouvoir, il le fait avec des intentions qui portent plus loin. Le véritable but qu'il poursuit aujourd'hui, c'est l'égalité non plus seulement politique, mais sociale, et ce qu'il entend par celle-ci diffère absolument de celle-là : c'est l'égalité dans les conditions matérielles de l'existence.

En conséquence, comme il faisait dépendre autrefois le progrès de la destruction du privilège, il le fait reposer aujourd'hui sur une répartition nouvelle de la propriété. Cette conception se dégage chaque jour de plus en plus clairement dans le parti dont je parle, et de l'avis d'un grand nombre d'observateurs, ce parti lui-même gagne toujours du terrain. Ses adhérents se sont répandus presque partout ; ils n'ont pas sans doute, sur les différents points où ils se rencontrent, les mêmes répugnances et les mêmes goûts ; malgré cela nous pouvons suivre l'influence de leurs enseignements dans presque tous les pays civilisés. Tel ou tel de leurs traits, ici ou là, sera plus ou moins accusé, et la divergence qui les sépare n'est pas toujours facile à saisir ; mais quand on considère avec quelle habileté leur opinion se propage, à quelles passions violentes elle fait appel, comment elle les a déjà surexcitées, nous sommes obligés d'en convenir, notre civilisation, bonne ou mauvaise, est aux prises avec un ennemi des plus redoutables ; et il y a bien là de quoi justifier les espérances et les craintes qui partagent en ce moment tous les pays de l'Europe et qui, si nous sommes bien informés, ne sont pas étrangères à l'Amérique.

Ce fait, si bien connu qu'il soit en lui-même, quand on le jette ainsi de but en blanc à la face des gens, ne manque pas de les effrayer. On a besoin, pour se rassurer, de l'envisager tel qu'il est en réalité. Car ce n'est pas à dire que ces espérances et ces craintes aient pris dès ce moment un caractère aigu. Elles sont, en bien des cas, si légères, elles ont si peu de consistance, qu'on les sent à peine. Ce n'est guère que l'ombre projetée d'un objet éloigné. Viennent-elles à se traduire quelque part d'une façon trop vive, il est permis d'en sourire encore et de les traiter de fantastiques. A vrai dire, si la structure actuelle de la société est menacée, elle n'est point ruinée, et il nous reste beaucoup de temps encore pour prévenir ou pour préparer la catastrophe. Si grave que soit la situation, nous pouvons donc l'envisager avec calme. Elle pourra nous suggérer des mesures anticipées, lesquelles ne s'imposent pas encore; elle tiendra nos inquiétudes en éveil, mais ne troublera point notre jugement. Nous reconnaîtrons qu'une convulsion sociale n'a rien d'impossible, qu'elle a même au contraire des tendances à se produire, mais nous constaterons aussi qu'elle n'est pas encore inévitable, et nous saurons nous mettre en garde contre des frayeurs exagérées et contre un sentiment excessif de sécurité.

Pour agir sagement, voici ce que nous avons à faire. En prévision de la crise qui peut arriver, nous reconnaîtrons quels seraient, dans l'état de choses actuel, ses tendances et son objet, et nous nous placerons tout de suite au vrai point de vue scientifique, afin d'examiner soigneusement en quoi cet objet peut être atteint et quels seraient les résultats de toute grande expérience tentée en ce sens. Nous avons pour le faire un double motif. Si l'on pouvait obtenir à cet égard des conclusions positives, qui s'imposeraient à l'attention du monde, comme des principes scientifiquement vérifiés, il est bien sûr qu'on agirait puissamment ainsi sur la marche des événements; peut-être même aurait-on beaucoup de chances de la modifier profondément. En tout cas, nous aurions pris la seule position vraie pour bien comprendre le mouvement présent, pour prévoir l'avenir et lui faire face.

Pourtant, si étrange que le fait puisse paraître, cette étude n'a jamais encore été tentée. Le monde va se divisant rapidement en deux partis hostiles, l'un qui nie, l'autre qui affirme certaines propositions sociales. Les propositions sont distinctes, les affirmations et les négations violentes; mais si nous demandons sur quelles bases scientifiques on les appuie, on sera des deux côtés également incapable de nous répondre. Sous forme de raisonnement suivi, nous n'obtiendrons rien qui puisse satisfaire un seul moment un penseur sérieux. Je ne veux pas dire qu'on n'ait pas donné çà et là des arguments qui, pris séparément, peuvent avoir chacun un caractère vraiment scientifique; on en trouverait de tels assurément dans les pages de certains publicistes; mais pas un de ces écrivains n'a jamais entrepris de les traiter d'une façon méthodique. Aussi manquent-ils de force, parce qu'on n'a pas su les approfondir, et de portée, parce qu'on n'a pas eu soin de les enchaîner et de les coordonner. En sorte que, dans le moment même où, sur ce sujet, les opinions deviennent de jour en jour plus précises et plus tranchées, ce ne sont pourtant que des opinions, parce qu'on n'y voit aucune connaissance scientifique; celles qu'on fait valoir d'un côté sont impuissantes à détruire celles qu'on soutient de l'autre. On n'en saurait faire usage dans une controverse pratique. S'il en est qui puissent satisfaire celui qui ne veut pas douter de leur valeur, elles n'ont pas le pouvoir d'entraîner l'assentiment, ni de vaincre les résistances, partout où les intérêts et les passions leur sont hostiles. Il suit de là qu'en ce qui regarde les problèmes sociaux, le monde est encore aujourd'hui aussi peu éclairé qu'il l'était avant Hume sur les problèmes économiques, et cela précisément pour la même raison. Ce qui nous a manqué jusqu'à présent, c'est la science qui seule serait capable de les élucider. Elle n'existe nullement à la fin du dix-neuvième siècle, pas plus que n'existait au commencement du dix-huitième la science de l'économie politique.

Les conservateurs mettent ce fait en lumière bien mieux que les démocrates, sans nous en donner toutefois d'aussi complets exemples. Ainsi, quand ils battent en brèche un système qui attaque la propriété, — et tous ceux qu'ils combattent sont de ce genre, — ils n'ont qu'une seule manière pratique de le condamner. Ils l'appellent le système du vol, et sitôt qu'ils ont justifié la qualification qu'ils lui appliquent, ils s'imaginent avoir dit le dernier mot. Ils auraient eu sans doute parfaitement raison de le croire autrefois. Ce mot de vol était chargé du poids de la haine universelle. Toute conception à laquelle on pouvait l'appliquer effectivement se trouvait par là même discréditée. Mais c'est précisément le point sur lequel a porté le changement capital. Les conservateurs, comme nous l'avons vu, se trouvent aujourd'hui en présence d'une théorie qui place le vol sous un tout autre jour, et tandis que nous donnons au mot sa signification ordinaire et immémoriale, dans la théorie présente il ne désigne plus un mal, mais une nécessité. En d'autres termes, on maintient résolument aujourd'hui que la clef de tout progrès social se trouve dans une répartition nouvelle de la propriété et dans la violation des droits qui jusqu'à présent ont été tenus pour sacrés. Ainsi donc, dire que les démocrates sont une bande de spoliateurs et de voleurs, c'est simplement leur donner des noms qu'ils ne tiennent pas à repousser, et quand leurs adversaires croient ainsi les discréditer, ils ne font que mettre en question le point même que leur première tâche serait de prouver. Il leur faut établir d'abord que la propriété mérite d'être respectée, avant de prononcer avec assurance un verdict contre ceux qui ne la respectent pas. Toute la situation est vraiment là. De nos jours, la propriété se trouve théoriquement dans une position nouvelle. Ce n'est plus le demandeur, comme autrefois, c'est l'intimé; et le jury se compose de millions d'hommes qui n'ont pas de raisons bien claires d'avoir pour elle beaucoup de tendresse.

Il y a là sans doute un état de choses qui peut sembler étrange, mais plus tôt nous le placerons sous son vrai jour, mieux ce sera. Nous devons bien nous convaincre une fois pour toutes que les vieux arguments conservateurs sont aujourd'hui totalement surannés. Les antiques traditions qu'on regardait jadis comme sacrées, les principes moraux qu'on tenait pour absolus : voilà justement ce qu'il nous faut défendre, et non plus ce qui peut nous donner un appui; et encore s'agit-il de savoir dans quelle mesure on peut le défendre. Il serait donc bien oiseux, en prévision de quelque grande confiscation, de montrer ce qu'auraient à souffrir injustement le petit nombre des dépossédés. *Tant pis pour ce petit nombre!* nous serait-il répondu. Si donc la propriété doit être défendue, il faut que la défense s'appuie sur de plus larges bases et qu'elle creuse des voies plus profondes. Il faut montrer qu'en l'attaquant, on ne fera pas seulement tort au petit nombre, mais qu'on causera la ruine du grand nombre; et il nous faut pour cela une démonstration correcte et scientifique, qui s'établisse sur deux points distincts ou qui du moins s'empare de l'un ou de l'autre.

Voici le premier : fût-il désirable de ramener la propriété à l'égalité, on ne saurait jamais le faire que pour un temps bien court, et cette égalité d'un moment serait celle de la misère, de l'horreur et de la consternation, jamais celle de la prospérité; les inégalités anciennes ne tarderaient pas à en sortir; une seule chose y serait changée, c'est qu'elles se produiraient alors avec l'exagération de leurs traits les plus mauvais.

Voici la seconde : à supposer que l'égalité permanente ne fût pas irréalisable, qu'il fût au contraire possible de l'établir et d'en faire une condition sociale durable, cet établissement ne profiterait en rien même aux classes les plus pauvres ; en d'autres termes, l'inégalité qui règne aujourd'hui chez nous n'est pas un défaut accidentel, qu'il faut s'efforcer de réduire au minimum ; c'est au contraire une cause efficiente de la civilisation, c'est la source de l'abondance et non de la misère, et en l'abolissant, loin de guérir la misère, on ne ferait que l'aggraver.

Tels sont les points que doit prouver le parti conservateur, et s'il ne les tient pas tous les deux, il lui en faut au moins prouver un. En dehors de là, il ne trouvera rien qui vaille. Si l'examen nous démontre que nous ne saurions suffire à cette tâche, qu'il est possible de maintenir d'une façon permanente l'égalité dans la propriété et que la majorité doit profiter de ce nivellement, dès lors ceux d'entre nous qui appartiennent aux classes privilégiées sont obligés d'en venir à cette conclusion que, comme classe, leurs jours dès ce moment sont comptés. Philanthropes, nous saluerons l'aurore de cette révolution; philosophes, nous ne pourrons faire moins que de nous y soumettre. Notre examen va-t-il au contraire nous conduire à des déductions opposées; y verrons-nous que les positions supérieures personnifient des vérités scientifiques et qu'on peut le démontrer scientifiquement par un appel à des faits rigoureusement méthodiques, nous aurons fait alors à la propriété une situation nouvelle et bien autrement forte; ses ennemis en seront réduits au rôle de criminels ou de charlatans; les ferments qui agitent l'opinion s'apaiseront peu à peu et les amis du progrès, sans renoncer à leurs efforts, les dirigeront dans une autre voie.

Mais pour arriver à l'un de ces deux résultats, il n'y a qu'un seul moyen, celui que j'ai indiqué tout à l'heure. Il nous faut faire de cette question le sujet d'une science spéciale, et cette science, elle est encore à créer. Je me propose, dans ce livre, d'indiquer les grandes lignes et de préciser l'ordre des faits dont elle doit prendre connaissance. Je veux, en outre, passer en revue les plus importants de ces faits et fixer le trait des conclusions générales auxquelles, par un raisonnement strictement scientifique, nous serons obligés d'arriver.

Ici toutefois, il me faut prévoir trois sortes d'objections :

En premier lieu, on pourra faire observer, du côté du parti démocratique, que cette science dont je parle, non seulement n'a pas manqué d'être abordée, mais qu'elle existe au contraire depuis longtemps et qu'elle compte au nombre de ses disciples des penseurs qui ont fait école sur le continent. Elle a pour représentants des hommes comme Proud'hon, Louis Blanc et Karl Marx ; et non seulement on peut dire qu'ils ont fait de grandes découvertes scientifiques, mais des découvertes qui ont eu une importance pratique considérable. On pourra prétendre même que c'est précisément ce que je viens d'admettre.

En second lieu, au point de vue du parti conservateur, on nous dira sans doute que les doctrines de ces penseurs ont déjà été discutées et réfutées par celles des économistes orthodoxes et par les spéculations plus récentes des sociologistes, tels que M. Herbert Spencer, et que la science qui est supposée nous manquer est tout simplement l'économie politique ou la sociologie sous un autre nom, qu'ainsi tout le champ de la discussion est un terrain dont il a été pris possession.

En troisième lieu, n'y eût-il pas à tenir compte de ces deux sortes d'objections, il en reste une autre qui semble avoir plus de poids. Si l'on admet que les vérités que je me propose de traiter scientifiquement n'ont jamais été envisagées de la sorte, on nous en donnera une excellente raison. C'est, dira-t-on, qu'on les connaît suffisamment par les seules lumières du sens commun; en sorte qu'on les emploie comme des principes évidents dans notre conduite et dans nos conversations de chaque jour, et que vouloir maintenant les établir avec un appareil d'exactitude scientifique, c'est se donner le vain plaisir d'une parade intellectuelle bien inutile.

Toutes ces objections, je les prendrai dans l'ordre qui leur est propre. Aux doctrinaires de la démocratie continentale, je dirai qu'en dépit de l'influence et de la cohésion apparente de leurs systèmes, ils sont loin d'être, en réalité, des hommes de science. S'ils ont indiqué çà et là quelque conclusion logique, ce n'a été que par accident ; ils n'ont jamais eu la moindre lueur de la vraie méthode inductive ; ils se sont toujours contentés de raisonner sur certains principes prétendus premiers ; leurs principaux enseignements ont aussi peu de rapport avec les faits que les spéculations physiques de Thalès ou les rêves des alchimistes du moyen âge.

Quant à l'économie politique, je ferai observer que, si elle touche à la science en question, elle ne fait simplement qu'en effleurer les bords. J'aurai à montrer quelque chose de semblable, sinon de tout à fait identique, au point de vue de la sociologie et des sciences qui s'y rapportent. Je ferai voir enfin que certains faits sur lesquels j'appuierai, fussent-ils des lieux-communs, il n'en résulterait pas, comme je le montrerai, qu'on pût se dispenser d'en faire une étude approfondie. Je rappellerai au lecteur que l'essence de la connaissance scientifique consiste moins dans la découverte des faits qui nous sont étrangers, que dans l'analyse et la disposition de ceux que nous connaissons, en partie du moins ; et j'espère le convaincre que, dans le cas présent surtout, le sens commun ne profite pas autant à l'ignorance que la connaissance scientifique au sens commun.

Des trois points sur lesquels reposent les objections, les deux derniers ne tarderont pas à être expliqués en détail ; mais le premier nous arrête au seuil même de notre enquête et demande à être traité à fond avant d'aller plus loin.

J'ai dit qu'on n'avait point encore étudié scientifiquement le problème social moderne, je n'ai pas dit qu'on ne l'avait pas étudié du tout. Au contraire, alors même qu'on n'en possède aucunement la vraie science, on a pourtant un volumineux corps de doctrines qui veut passer pour tel et qui, dans l'action, a exercé une influence telle que jamais peut-être aucune autre thèse spéculative n'a produit de pareils résultats. Ces doctrines sont faciles à reconnaître, et le point sur lequel j'insiste tout d'abord, c'est qu'elles existent et qu'elles ont une immense influence. Ce sont celles des chefs attitrés du mouvement démocratique moderne, et ces hommes ont sur deux points une situation qui les met à part. Ils sont les seuls à faire la guerre aux inégalités sociales, et les seuls encore à prétendre les avoir scientifiquement étudiées, de façon à émettre une opinion raisonnée sur l'origine, la justice et la stabilité qu'on leur attribue (1). Ainsi, en dehors du point de vue matériel, la lutte actuelle a toujours été, jusqu'à présent, exclusivement soutenue par un seul parti. Tout ce qui peut ressembler à des vues organisées ou à un système a été constam-

(1) Les sociologistes, comme je le montrerai bientôt, n'ont pas su saisir la question au point où il le fallait, et les économistes orthodoxes, comme je le ferai voir encore, l'ont prise par la fin et ne se sont guère donné la peine de la discuter. Les doctrinaires de la démocratie ne prétendent pas que les conclusions des économistes soient en dehors des prémisses, mais ils disent que ces prémisses supposent des conditions sociales qui existent bien à l'heure présente, mais qui demandent une modification et sont susceptibles de l'obtenir. Tant que durent ces conditions, non seulement ils admettent, ils soutiennent même que les théories des économistes sont rigoureusement vraies et fondées. Toute leur argumentation porte sur ce point, qu'il faut changer ces conditions et faire une société où elles cessent enfin d'être une réalité. Aussi, dans le cas où s'engagerait une discussion pratique, nos économistes se trouveraient bien personnellement en opposition avec les démocrates, mais ce ne serait aucunement pour des raisons que leur fournirait leur propre science. Les principes théoriques qui distinguent les deux partis, non seulement ne sont pas aux prises, ils ne se rencontrent même pas. Ce qu'affirme l'économiste, le démocrate ne le nie pas. Ce que soutient le démocrate, l'économiste ne l'a jamais pris suffisamment en considération.

ment le propre du parti de l'attaque, et si l'on en excepte la force, rien ne lui a jamais été opposé qu'un dogmatisme suranné, incapable de s'expliquer lui-même.

Cette assertion, ne fût-elle pas aussi vraie qu'elle l'est dans les faits, le serait dans l'histoire de la pensée humaine. En d'autres termes, quand il y aurait chez les conservateurs une littérature scientifique aussi volumineuse que celle des démocrates, elle ne toucherait en rien à notre sujet. Cette littérature, si elle existe, le monde ne la connaît aucunement. Elle a été sans effet sur l'opinion publique. Dans aucune classe, dans aucun parti, on n'a pris garde à ses enseignements, pas plus qu'on ne s'en est ému; et dans le monde des faits, cette doctrine n'existe pas qui n'exerce aucune influence pratique. Quand, au contraire, on se tourne de l'autre côté, vers les théories de la démocratie, on saisit leur action dans la plupart des mouvements populaires propres à notre siècle. Les démocrates, toutes les fois qu'ils se sont révoltés contre l'ordre établi, ont fait appel, pour s'encourager ou pour se justifier, à des théories qu'ils tiennent pour des vérités scientifiques.

Les conservateurs, en réprimant leurs révoltes, n'ont pas manqué non plus de théories qui les y encourageaient; ils ne se sont guère souciés d'ailleurs de se justifier au point de vue spéculatif. Ils avaient assurément leurs convictions aussi bien que leurs adversaires, et le moins qu'on en puisse dire, c'est qu'elles étaient bien aussi fermes et aussi sincères; mais elles reposaient sur une tout autre base. Ils en avaient hérité et ne les avaient point acquises. Il les regardaient comme si évidentes et si sacrées, qu'ils croyaient aussi inutile d'en prouver la vérité que criminel de les mettre en question; en sorte que ceux qui les révoquaient en doute ou qui les repoussaient étaient traités moins comme des égarés que comme des pervers ou des fous dangereux. On les réprimait, ou bien on les méprisait, mais on ne les réfutait point. C'est en grande partie à cette attitude des conservateurs que les démocrates ont dû le progrès de leur influence. Leur parti, étant le seul qui fît profession de se défendre scientifiquement, a pu faire croire qu'il était seul capable d'une défense scientifique; et cette fausse croyance s'est si bien propagée, que plusieurs y adhèrent en secret, alors même qu'ils ne peuvent l'envisager sans une profonde horreur.

Ce qui fortifie ainsi les démocrates trouble au contraire les conservateurs; il en est de ces derniers qui ont comme un sombre pressentiment qu'après tout, c'est peut-être là seulement que se trouve aujourd'hui la vérité. C'est là un fait qui ne saurait échapper à quiconque a étudié l'opinion contemporaine dans les rangs les plus élevés de la société. Ainsi, par exemple, on a pu souvent de nos jours entendre faire cette remarque, qu'il est tout naturel dans les basses classes d'être démocrate; et la raison qu'on en donne, c'est qu'*elles ont tout à gagner au changement.* Plus souvent encore peut-être a-t-on entendu dire, d'une façon non moins claire, qu'*il n'y a plus moyen, au temps où nous sommes, de dominer la situation et qu'il ne reste plus qu'à attendre l'heure du cataclysme.* La signification de ce profond abattement est telle qu'il n'y a pas à s'y méprendre. C'est une pièce de conviction du plus haut genre et qui démontre qu'au point de vue de la science et de la pensée exacte, la situation des conservateurs ne saurait plus s'expliquer ni se défendre.

J'ose donc le dire, et c'est un fait que je prouverai pleinement dans la suite, dans la question du progrès, au sens démocratique du mot, les seules doctrines qui aient pour elles l'apparence même d'un système, les seules qui aient jamais exercé une influence intellectuelle quelconque, sont celles des démocrates. En conséquence, la première chose qui importe pour établir une vraie science sociale, c'est de faire l'exposé complet des doctrines qui en ce moment en usurpent la place.

CHAPITRE II.

LES PRINCIPES DE LA DÉMOCRATIE MODERNE.

Je me propose maintenant d'examiner brièvement dans son ensemble la théorie de la démocratie moderne et les principes qu'on a suivis pour y arriver. Mais une difficulté va sans doute se présenter ici. Les démocrates, aussi bien que leurs théories, on peut le dire en toute vérité, diffèrent entre eux sur une foule de points très importants. Proudhon, par exemple, ne ressemble pas à Louis Blanc; Lasalle se distingue de Schulze Delitzsch; Mr. Bright et Mr. Chamberlain s'éloignent beaucoup des uns et des autres, ou pour mieux dire, paraissent n'avoir presque rien de commun avec eux. Le lecteur sera donc peut-être tenté de croire que, s'il est permis sous un point de vue général de regarder les démocrates comme ne formant qu'une seule classe, il est néanmoins impossible de les envisager ainsi au point de vue d'une critique exacte. Toutefois, il se tromperait en réalité. Car les différences que nous avons indiquées, quelque importance qu'elles aient en pratique, ne s'accusent pas dans les principes mêmes, mais seulement dans l'application qu'on veut faire de ceux-ci. Dans tous les cas, les principes restent les mêmes et c'est d'eux seuls que nous avons à nous occuper ici. Du moment que nous en aurons démontré la fausseté, nous pourrons abandonner à leur sort les discussions auxquelles ils servent de base.

Voyons donc en quoi consistent ces principes où se rencontrent Mr. Chamberlain avec Proudhon, Mr. Bright avec Louise Michel. Ils sont très simples et très faciles à exposer. Le premier et le principal se trouve contenu dans cette proposition abstraite : La perfection de la société suppose l'égalité sociale. Il nous faut examiner avec soin quel est le sens exact de ces expressions. Elles ne veulent pas dire que l'égalité est la même chose que la perfection, car l'égalité prise en elle-même peut être simplement celle de la misère, mais elles signifient que l'inégalité est essentiellement un abus et une imperfection. Le démocrate ne demande pas moins que le conservateur le maintien et même le développement de notre luxe actuel, mais tous deux étant d'accord sur ce point, le premier se distingue du second en ce qu'il prétend que le grand mal de la vie, c'est l'inégale répartition du luxe et que le progrès consiste dans les modifications qui tendront à l'égaliser. Cette doctrine se réduit à la série des raisonnements suivants. Le bonheur est proportionné à la répartition des moyens de jouissance. Ces moyens n'existent aujourd'hui que dans une certaine mesure, qui doit être répartie entre un certain nombre de personnes; en conséquence, du moment qu'une classe en prend plus que sa juste part, il se produit un déficit quelque part ailleurs. Le luxe de l'un signifie la privation de l'autre; la situation supérieure de celui-ci entraîne l'abaissement de celui-là. Ainsi, le bonheur étant proportionné à la richesse et à la condition sociale, l'inégalité sociale implique le malheur de quelques-uns. Elle est identique en un mot avec le mal social. En conséquence, le progrès, ayant pour but la diffusion du bonheur humain, consiste essentiellement en ce qui tend à nous ramener à l'égalité.

Tel est le premier grand principe de tous les démocrates modernes, des sectes les plus extrêmes jusqu'aux plus modérées. A quel point y tient-on que l'égalité absolue soit possible, c'est une question d'importance secondaire. Tel parti estime qu'il faut y arriver, tel autre qu'il suffit de s'en rapprocher, mais tous soutiennent que c'est la condition idéale qu'on doit s'efforcer de réaliser; que plus nous nous en rapprocherons, plus notre civilisation aura fait de progrès. Voilà bien le principe et qui reste le même dans tous les cas. Proudhon ne diffère de Louis Blanc que dans le choix des moyens d'application, Mr. Bright de Proudhon, que dans le degré où il croit l'application possible ou dans les conséquences qu'il en veut tirer.

Si le lecteur était tenté d'en douter, il lui suffirait de réfléchir un moment aux méthodes en usage chez les radicaux anglais pour s'assurer immédiatement l'adhésion des multitudes. Ils se présentent comme les champions de la justice sociale et déclarent qu'ils ont pour mission de réformer les abus. En conséquence, leur première et principale tâche est de les montrer sous le jour le plus odieux, afin d'exciter au plus haut point les passions du peuple. Et comment s'y prennent-ils? Toujours de la même manière. Ils présentent tel abus de notre époque, non pas comme portant directement préjudice à la personne de leurs auditeurs, mais bien comme faisant injure à la justice sociale générale. S'agit-il par exemple des subventions viagères, autrement dit, des dotations en faveur d'un membre de la famille royale; quand l'orateur radical entreprendra de les dénoncer dans un meeting, il ne soutiendra pas que la somme en question, si elle était répartie entre chacun des membres de la nation, pourrait assurer annuellement la valeur d'un liard à chacun de ceux qui l'entendent; il ne prétendra point qu'en l'appliquant à l'usage contre lequel il proteste, on pourra porter à quelqu'un un préjudice appréciable. Il suivra dans son argumentation une tactique d'un tout autre genre. C'est toujours le bien de ses auditeurs qu'il paraît avoir en vue, mais ce but, il se garde de le leur présenter directement. Il ne cherche point à soulever chez eux des colères contre leur pauvreté, mais à exciter des indignations contre la richesse d'autrui; et la question qu'il leur adresse virtuellement tout d'abord n'est jamais celle-ci : Pourquoi donc avez-vous si peu? mais bien : pourquoi les autres ont-ils tant? Le même fait se révèle plus clairement encore dans la méthode employée par les radicaux pour attaquer l'aristocratie territoriale. Presque toujours, en parlant de cette classe, le point sur lequel ils appuient tout d'abord n'est pas le mal que fait son existence à lá société, mais la position exceptionnelle qu'elle occupe. On la condamne bien plus pour les jalousies qu'elle excite que pour le mal qu'elle fait. En veut-on une preuve bien claire? Nous la trouvons dans le raisonnement suivant, très populaire chez les écrivains radicaux de notre époque. On pourrait, disent-ils, réunir dans une même assemblée et dans une même salle les propriétaires des quatre cinquièmes du territoire anglais, et un orateur se ferait aisément entendre de chacun d'eux (1). Or, je ne conteste nullement

(1) Mr. Arthur Arnold insiste beaucoup sur ce fait dans son

la vérité de cette proposition, mais pourquoi y insiste-t-on? Le fait que l'aristocratie d'un pays peut tenir dans une même salle n'est en lui-même pas plus préjudiciable à la communauté, que celui d'avoir un monarque pouvant s'asseoir dans un seul fauteuil, pas plus que cet autre également vrai, que les habitants du monde entier pourraient tenir dans l'île de Wight. Il n'a tant d'importance au point de vue radical, que parce qu'il fait ressortir d'une manière frappante une inégalité sociale. On le choisit pour faire comprendre aux masses, non pas qu'elles sont trop voisines de la misère, mais bien qu'elles sont trop loin de l'opulence; il a pour but, non pas de faire naître en elles le désir de monter plus haut, mais l'envie de voir les autres descendre. Or, dans leurs principes, les radicaux ont parfaitement le droit de raisonner de la sorte. Si l'égalité sociale est en réalité la condition du bon-

livre sur la *Liberté du sol.* C'est encore le sujet de deux volumes récents, spécialement adressés au peuple sous ce titre : *Notre vieille noblesse;* et l'auteur de ces pages a vu, il n'y a pas longtemps, des placards en ce sens aux vitrines de la plupart des magasins de Leeds, chez les libraires qui tiennent les pamphlets radicaux.

heur, il est tout à fait légitime de la présenter comme la fin immédiate à laquelle il faut tâcher d'arriver. Et l'on aura beau dire que c'est exciter l'envie, l'objection est sans valeur; car, je le répète, si la doctrine de l'égalité est vraie, nous devons tenir cette passion pour un guide aussi sûr en politique que l'est en religion le zèle, dont les hommes religieux font si grand cas; l'un étant la jalousie de la gloire de Dieu, et l'autre, la jalousie du plus grand bien de l'humanité. En exposant ainsi au lecteur cette manière de raisonner de nos radicaux anglais, je n'entends donc pas montrer qu'ils sont inconséquents avec leur principe, mais bien qu'ils ont un principe fondamental identique à celui des autres démocrates. Pas un membre du parti déclaré du progrès qui ne se rencontre sur ce point avec tous les autres dans une parfaite unanimité. Le socialiste allemand, dans sa prison, le partisan de la commune de Paris, dans l'exil auquel on l'avait condamné, le ministre anglais radical, pêchant la truite ou cultivant son jardin d'hiver, tous donnent pour base à leur opinion ce même principe fondamental : La perfection dans la société implique l'égalité sociale, et plus nous nous en rapprochons, plus nous avançons dans la civilisation.

Ce principe toutefois, qui sert de clef de voûte au symbole commun de la démocratie, n'est pas le seul sur lequel tous les démocrates se trouvent d'accord, ce n'est pas non plus le plus important au point de vue pratique. Toute son importance dépend d'un autre qu'il contient, que nous avons indiqué dès le début, sans l'exposer, mais qu'il nous faut présenter maintenant sous une forme bien déterminée. Le voici : l'inégalité n'est pas seulement une imperfection en théorie, c'est une imperfection à laquelle on peut remédier en pratique, si bien qu'en tout cas, on en pourrait en réalité supprimer pour toujours les formes les plus accentuées. Les démocrates ne se bornent pas à soutenir, comme des amateurs analysant les faits sociaux, que la richesse du petit nombre est un précipité qui provient des capacités du grand nombre ; ils affirment encore, en hommes décidés à agir, que c'est un amalgame cimenté par des procédés artificiels, et qu'il y aurait grand avantage à le décomposer immédiatement pour en rendre toutes les parties aux sources d'où elles viennent. S'il en était autrement, nous pourrions ne voir en eux qu'un groupe de sentimentalistes, se bornant à se plaindre des injustices de la vie, tout comme d'autres se plaignent de sa brièveté. Ils pourraient se lamenter, ils ne seraient pas des agitateurs, et l'homme pratique n'aurait rien à discuter avec eux. S'ils ne soutenaient pas la possibilité de l'égalité sociale, à quoi bon soulever la question de savoir si elle devrait exister. Toute la discussion se perdrait dans les nuages ; à proprement parler, il n'y en aurait même plus du tout. L'aristocrate le plus entiché cesserait volontiers de l'être en paroles ; et même, si c'était purement une affaire d'imagination, il ne se montrerait pas moins partisan de l'égalité que le socialiste le plus farouche. Il désirerait voir monter tous ses concitoyens aux sommets les plus hauts. Peut-être même leur donnerait-il des ailes et, pour les coiffer de tous leurs désirs, regrettant qu'ils aient été créés hommes, il voudrait qu'on les eût faits anges. Mais de pareilles rêveries ne sauraient entrer dans nos préoccupations ; nous n'avons à nous occuper que des réalités accomplies ou susceptibles de l'être.

En prenant notre globe et ses habitants tels qu'on les a vus jusqu'à présent, ou même tels qu'ils pourraient devenir un jour, l'égalité sociale est-elle une fin qu'on doive s'efforcer d'atteindre en pratique, faudra-t-il s'en rapprocher toujours davantage, et ce rapprochement aura-t-il pour résultat de changer en mieux l'état dans lequel nous sommes? Le démocrate l'affirme. Ici du moins nous mettons le pied sur un terrain solide. Nous ne sommes plus en présence d'une question abstraite sur ce qui devrait être, nous avons une proposition portant directement sur ce qui est ou sera, une proposition dont on pourra prouver la vérité ou la fausseté, dont il sera tout au moins possible de dire qu'elle a quelque fondement ou qu'elle n'en a pas du tout. Or il est un point que nous pouvons tout de suite tenir pour certain. C'est que nous n'avons pas là une loi sociale tirée d'un ordre de faits quelconque, ni de ceux qui se produisent aujourd'hui, ni de ceux qu'on a vus autrefois réalisés. Les démocrates eux-mêmes en conviennent. Ils veulent le maintien de la civilisation et toutefois, ils savent bien que jamais, dans aucun pays civilisé, n'a été réalisée l'égalité à laquelle ils aspirent. Il faut donc que leur idéal soit une déduction de quelque loi générale remontant plus haut. Cette loi quelle est-elle? On la découvrira sans peine. Quand ils nous parlent du changement en question, les démocrates nous disent à quel genre de moyens ils auront recours pour l'accomplir. Ces moyens nous les connaissons; il suffit d'en indiquer quelques-uns, tels que la propriété du sol attribuée à la nation, l'impôt progressif, l'abolition des titres nobiliaires, la réduction de la journée de travail, l'instruction obligatoire donnée par l'État et surtout le suffrage universel, qui permettrait au peuple de faire passer toutes les lois qu'il voudrait. En d'autres termes, les moyens d'arriver à l'égalité comprennent une série de mesures qui changeront les institutions sociales actuellement existantes. Qu'y a-t-il au fond de tout cela? Évidemment cette doctrine générale, qu'il suffit de changer les institutions d'une société pour en changer la structure : ce qui revient à cette doctrine plus générale encore, que la structure d'une société dépend de ses institutions. C'est-à-dire, pour parler plus clairement, que la grande distinction entre les riches et les pauvres, les privilégiés et les non privilégiés, les classes dirigeantes et les classes inférieures, celles qui produisent et celles qui ne produisent pas, a besoin, pour se maintenir, des lois et des formes gouvernementales où, dans tous les cas donnés, elle trouve immédiatement une sanction. Et voilà précisément cette loi sociale que nous cherchions. La proposition première qui affirme la possibilité pratique de l'égalité n'en est qu'une simple déduction. Et voici le raisonnement qu'on suit pour y arriver. Les lois et les formes de gouvernement représentent des vues sociales déterminées. Ces vues, jusqu'à présent, ont toujours été celles d'une minorité qui les a dirigées uniquement dans le sens où elles assuraient ses propres avantages. Ainsi, au dire des démocrates, la majorité n'a qu'à faire une autre législation ; elle renversera l'ancien état de choses et réalisera des théories qui lui donneront le bonheur à son tour. Qu'elle institue seulement des lois et des formes nouvelles dans le gouvernement et, de même que des anciennes institutions est sortie l'inégalité, l'égalité sortira des nouvelles. Ce qui, en termes plus brefs, revient au syllogisme suivant : La nature de la société dépend des institutions ; on peut changer les institutions, donc on peut changer la nature. Voici donc la majeure du syllogisme de la démocratie moderne : La nature de la société dépend de ses institutions ; et, suivant la vérité ou la fausseté de cette prémisse, la conclusion se tient ou s'écroule.

Nous avons ainsi fait remonter d'un pas la question. Mais, dans les théories socialistes, nous n'avons encore rien trouvé qui s'appuie sur des faits. Car cette prémisse n'est pas plus que la conclusion qui en vient une loi sociale tirée de faits présents ou passés. C'est, il faut en convenir, une affirmation de cause à effet qui n'a pas d'exemple dans le monde de la réalité. La nature, si nous prenons ce mot dans le sens où l'entendent ordinairement toutes les sociétés civilisées, a toujours été la même jusqu'à présent ; elle a été ce qu'elle est encore dans toute l'Europe : toujours, au sommet, la fortune et les honneurs; en bas, l'obscurité et comparativement l'indigence. On a vu l'inégalité se révéler parfois sous un relief odieux, dans les despotismes de l'Asie, par exemple; on l'a vue aussi quelquefois s'effacer en d'autres endroits, comme dans les républiques de la Grèce et de l'Italie, mais partout où a régné la civilisation, elle a tenu sa place. L'inégalité a su modifier ses formes, comme en France, pendant la grande Révolution, mais dans ce pays même, elle n'a pas subi d'autre changement. Elle s'est tout simplement bornée à faire sa rentrée en scène sous l'aspect d'une féodalité nouvelle, *pire* que l'ancienne, au dire de Louis Blanc. En un mot, si nombreux qu'aient été les changements apportés aux institutions des pays divers, aucun n'a su vraiment modifier la nature même de la société (1). Par conséquent, qu'elle

(1) Quand nous parlons des institutions inhérentes à la nature de la société et de la possibilité d'y faire une révolution au sens démocratique, nous n'avons pas en vue un changement qui s'appliquerait seulement à des détails, mais une révolution qui en supprimerait les conditions générales. Toute réforme qui n'irait pas jusque là, ne serait pas à notre point de vue une véritable révolution; elle ne ferait au contraire que prendre des mesures non pas progressistes, mais conservatrices; au lieu de s'appliquer à faire disparaître les inégalités, elle aurait simplement pour but

dépende ou non de ces changements, toujours est-il qu'on ne saurait trouver dans l'histoire un seul fait qui permette de le constater.

On nous dira sans doute que les changements réalisés jusqu'à ce jour dans les institutions n'ont jamais été ce qu'ils devaient être ; mais cette prétention ne fait que mettre plus vivement en lumière ce que j'avance. Elle nous montre tout de suite que, de quelque façon qu'on soit arrivé à la prémisse démocratique, ce n'est certainement pas l'étude d'un fait ayant jamais existé qui a pu y conduire, et que jamais il n'a été permis d'en faire la vérification à l'aide de l'expérience. Il faudrait cependant, du moment qu'elle prend le caractère d'une doctrine scientifique, qu'on y fût arrivé indirectement, sinon directement, par la méthode expérimentale ; et puisque cette loi sociale n'est pas le résultat d'une telle expérience, il faut bien qu'elle soit la conséquence de quel-

d'apaiser les mécontentements que celles-ci excitent dans les masses. Aux yeux des démocrates extrêmes, l'action des *trades unions*, par exemple, passe pour une trahison de la cause populaire ; elle a fait monter les salaires des ouvriers et n'a eu ainsi d'autre résultat, prétendent-ils, que de les plier au joug qui pèse sur eux.

que système social, réalisé ou censé réalisé. Quel est donc ce système? A quel ordre de faits se rapporte-t-il? Ici encore nous touchons à une question à laquelle il n'est pas bien difficile de répondre.

Je l'ai déjà fait observer, l'égalité de la démocratie moderne est essentiellement une égalité matérielle qui consiste dans l'égale répartition des fruits matériels de notre civilisation, ou, en d'autres termes, de la richesse actuelle du monde. Il en résulte clairement que la prémisse démocratique est essentiellement une proposition concernant la richesse. Et par le fait, elle a trait à la cause de sa répartition, laquelle, déclare-t-elle, tient aux lois et aux institutions du gouvernement. Or il y a ici une chose évidente. Ces lois et ces institutions gouvernementales sont ou ne sont pas la cause de sa production. La prémisse démocratique affirme donc virtuellement qu'il y a distinction et indépendance entre la cause de la production de la richesse et la cause de sa distribution. Il faut supposer alors qu'on est arrivé déjà à une doctrine sur ce qui est la cause de cette production ; et cette doctrine doit être la loi sociale d'où l'on a déduit la prémisse démocratique. Or cette doctrine, nous y arrivons par deux voies, celle des nécessités logiques de la question d'abord, celle ensuite des déclarations explicites et formelles des penseurs de la démocratie. C'est la doctrine si souvent proclamée, si peu comprise et si mal étudiée, qui voit dans le travail la source de toute richesse. Aussi le Programme de Gotha au parti allemand du travail, qui résume évidemment les vúes les plus sérieuses de la pensée démocratique sur le continent, commence-t-il par la déclaration suivante : *Le travail est la source de toute richesse et de toute culture intellectuelle; et comme en général le travail productif n'est possible que par la société, il suit de là que l'ensemble des produits du travail appartient à la société; chacun des membres ayant droit à une part égale, en rapport avec ses besoins légitimes, et chacun d'eux partageant de même également cette charge du devoir universel du travail.* Et ces mêmes principes, exprimés toutefois d'une manière moins formelle, se retrouvent précisément à la racine du radicalisme de notre temps en Angleterre. C'est ainsi que Mr. Bright, par exemple, s'adressant à un auditoire composé d'ouvriers, a émis, au milieu d'applaudissements bruyants, les maximes suivantes, très significatives : *Tout à l'heure,* leur a-t-il dit, *sur ma route pour me rendre à ce lieu de réunion où je vous adresse la parole, j'ai remarqué dans la rue un brillant équipage qui passait auprès de moi; il y avait dans la voiture deux dames en toilettes éblouissantes. Cet équipage, qui l'a fait? — C'est vous. Et ces vêtements somptueux, qui les a faits? — Vous encore. Est-ce que vos femmes ont de semblables voitures à leur disposition pour s'y faire traîner? portent-elles de pareils vêtements? J'ai suivi cet équipage et je l'ai vu s'arrêter à la porte d'une habitation grandiose, précédée d'un portique imposant. Qui donc a bâti cette maison? — C'est vous. Est-ce que vous avez pour y vivre, vous et vos femmes, de semblables demeures?*

Que cette doctrine soit le fondement de la théorie démocratique, ce n'est pas seulement un fait historique, la nécessité logique le veut également. La théorie suppose la doctrine et ne saurait avoir d'autre point d'appui, comme on peut le voir en étudiant ce qu'est la théorie. Celle-ci déclare que nous pouvons faire un nouveau partage de la richesse actuellement existante, sans en diminuer le total; ou pour parler plus clairement, qu'on peut dépouiller les riches du superflu de cette fortune qu'ils dépensent annuellement, pour le répartir entre les pauvres, sans que la même somme de richesse cesse de se produire tous les ans. Or, pour soutenir la vérité de cette thèse, il faut évidemment supposer que les classes riches n'ont, comme telles, d'autres rapports avec la fortune que d'en être accidentellement investies, et qu'elles ne contribuent en rien à sa production; autrement, en les éliminant, on abaisserait la production.

Toute la force de la théorie démocratique dépend donc de la valeur scientifique de cette doctrine du travail et de la richesse. Et ici du moins, nous tenons une doctrine qui nous met face à face avec des faits, une proposition sur ce qui est ou a été, sur ce qui se passe tous les jours ou peut chaque jour se réaliser, et non plus seulement une déduction de faits éventuels ou possibles, mais qu'on n'a jamais vus précédemment. La richesse se développe tous les jours au milieu de nous et chaque jour met en œuvre la cause de sa production. La doctrine qui soutient que le travail en est la cause est donc une affirmation vraie ou fausse, mais portant sur un fait qui, en ce moment même, s'accomplit au moulin ou à la boutique du voisin, et qui trouve dans ce même moulin et dans cette même boutique sa condamnation ou sa justification.

C'est donc ici le point où il faut mettre à l'épreuve la théorie démocratique ; c'est par là que nous commencerons, par là aussi que nous finirons l'examen que nous avons à en faire. Si la richesse a réellement le travail pour cause efficiente, on en peut dès lors faire le partage que réclament les démocrates. La répartition dépend des lois et des formes du gouvernement, et la nature de la société tient aux institutions ; changeons les institutions, nous en changerons la nature. En un mot, la théorie démocratique a la vérité pour elle et rien ne résistera au progrès de la démocratie. Il n'y a plus rien à dire pour la défense des conservateurs, tout au plus pourrait-on demander encore qu'on leur fasse la grâce d'un ajournement.

Mais si nous constatons au contraire que la cause de la richesse est chose toute différente de ce que prétend la susdite doctrine, dès lors s'écrouleront irrémissiblement toutes les déductions qu'on en tire; il y aura lieu de s'en tenir à un ordre de choses d'une tout autre nature. C'est à cette conclusion que j'espère conduire le lecteur. Je me propose, en m'appuyant sur les faits actuels de la vie, de montrer que le travail n'est pas la cause efficiente de la richesse, qu'en dehors d'autres causes, il serait absolument impuissant à la produire; que par conséquent, la répartition de la fortune réclamée par le programme démocratique est une impossibilité scientifique, qu'il n'appartient pas à des lois quelconques de la réaliser, que la nature de la société ne dépend pas de ses institutions, mais bien au contraire que les institutions dépendent de sa nature; qu'enfin, si l'on arrive jamais à procurer à tous l'égalité matérielle, on ne réussira qu'à détruire la civilisation, sans pouvoir jamais effectuer une répartition nouvelle de ses fruits actuellement les plus appréciés. En d'autres termes, je montrerai que les principes du radicalisme ou de la démocratie moderne, déduits, comme ils le sont, d'une prétendue loi sociale absolument fausse, tendent inévitablement, en proportion même de leur réalisation, à développer les maux mêmes auxquels, dans leur but déclaré, ils se proposent de remédier, et qu'en offrant ainsi à l'imagination des masses un genre de progrès impossible, on ne fait en réalité que les ramener à une seconde barbarie, qui nous réserve des misères et des horreurs dont on se ferait difficilement une idée.

CHAPITRE III.

LA PSEUDO-SCIENCE DE LA DÉMOCRATIE MODERNE.

Pour en revenir maintenant à la conclusion où nous a conduits le chapitre précédent, toute la théorie de la démocratie moderne, avec les mesures qu'elle invoque et les espérances qu'elle encourage, dépend de la doctrine qui fait du travail la cause de la richesse. Recherchons donc bien soigneusement ce qu'entendent par là les théoriciens de la démocratie.

Et d'abord, il y a lieu de l'observer, si faux que soit leur langage, il paraît toutefois impliquer des faussetés qu'ils seraient eux-mêmes les premiers à répudier et dont il serait oiseux et injuste de les accuser. Quand nous en aurons fini avec ce qui n'entre pas dans leur pensée, nous pourrons nous occuper plus librement de ce qu'ils entendent réellement.

Dans ce but, revenons encore une fois aux principes de Mr. Bright que nous avons déjà cités. D'une façon très claire et hautement populaire, on y affirme que le travail est la cause de la richesse; on y spécifie en particulier certaines formes de la richesse, bien choisies pour mettre en relief ce qu'on avance et qui doivent en tous cas nous en dire la signification; ce sont de beaux vêtements, un bel équipage, une belle maison; et pour un démocrate, la relation de ces trois produits avec le travail est le type de la relation générale du travail avec la richesse. Qu'a donc voulu dire Mr. Bright à ces ouvriers de la relation du travail avec une robe de soie? Il n'a pas prétendu dire que c'est le travail qui produit les vers à soie, ni dans la question de l'équipage, qu'il a produit le cuir ou le bois, ni dans celle de la maison, qu'il en a fait le marbre et les pierres. Il n'a donc pas eu la pensée de faire du travail la seule cause de la richesse, mais la seule cause du côté de l'homme. D'autres causes, on en pourrait trouver en quantité : le sol, le climat, la situation géographique, la distribution du charbon et des minéraux; et la somme aussi bien que la qualité du produit peut en dépendre tout autant que du travail. La doctrine démocratique ne renferme, comme on voit, aucune négation de ces causes ; le démocrate est au contraire tout prêt à les admettre ; mais il trouve à propos d'abandonner cette question aux études de nos savants économistes, par la raison qu'elle ne touche en rien à son sujet. Il ne songe pas à rien revendiquer en faveur de la nature inanimée ; il n'est pas le représentant de certains territoires ni de certains climats, chargé de réclamer à leur actif telle portion de la richesse humaine ; il ne lui importe guère en conséquence qu'ils aient contribué plus ou moins à la produire. Ses revendications ont seulement en vue les êtres qui font partie du genre humain ; c'est uniquement pour eux qu'il demande qu'on fasse le partage de la richesse. Aussi ne s'occupe-t-il pas de savoir si l'homme a plus de part que la nature à sa production, mais bien si telle classe d'hommes y contribue plus que telle autre, ou encore si certaine classe n'y entre pas absolument pour rien. A cela se borne toute son attention. Comme on le voit, sa doctrine de la richesse et du travail contient une importante réserve. Elle ne dit absolument rien du rôle que joue la nature, sans entendre pour cela que le travail soit la cause unique de la richesse ; elle constate seulement que c'est la seule cause du côté de l'homme.

Arrivons maintenant à l'un des exemples choisis par Mr. Bright. La belle habitation servira, mieux que tout autre peut-être, à notre dessein ; examinons la suite du raisonnement qui, à cette occasion, entre évidemment dans la pensée de Mr. Bright. *Voyez*, se disait-il à lui-même, *ce portique à colonnes, ces pierres de taille, ces ouvrages en brique dont se compose cette haute et imposante façade; regardez bien tous ces détails et laissez-moi vous demander : qui a fait cela? La réponse est évidente : ce sont des tailleurs de pierre, des briquetiers, des maçons. Sans trop de peine, nous pourrions savoir leurs noms et leurs adresses. Entrons, et remarquons ce plafond voûté du salon, avec ses moulures et ses dorures. Est-ce la grande dame paresseuse qu'il abrite qui l'a fait? Elle ne sait même pas quels matériaux entrent dans sa composition. Il a été construit par d'habiles ouvriers, qui logent peut-être en des ga-*

letas. Et cette cheminée de marbre si richement sculptée, — est-ce ce jeune officier des gardes que j'y vois appuyé qui l'a faite? C'est tout au plus s'il saurait tailler dans la peau d'une orange la figure d'un animal. Non; c'est un sculpteur qui l'a faite, et qui depuis n'a peut-être jamais revu son travail. Et encore, ce brillant parquet, — sont-ce les jeunes dandys qui vont y venir danser ce soir qui l'ont ainsi disposé? Non; il a été fait par des menuisiers, qui n'ont peut-être pas un bout de tapis à mettre dans leur chambre. Réfléchissez-y donc, dirait M. Bright, *nous avons ici le type d'une habitation luxueuse; eh bien, de tout ce monde qui en jouit à présent, il n'est personne peut-être qui ait la moindre notion des procédés à l'aide desquels on l'a construite. Il est donc bien clair que tous ces gens n'ont aucunement contribué à la produire. C'est bien un produit de l'homme, pourtant, mais c'est à des travailleurs qu'on le doit; c'est le fait de leur savoir et de leur habileté, de leur force musculaire, et de cela seulement. Il y a là une clarté qui saute aux yeux et qui se passe de preuves.* Jusqu'ici, on suit aisément, comme on voit, le raisonnement de Mr. Bright;

mais à ce point il se heurte carrément à l'équivoque. Les réflexions exposées ci-dessus sont bien simples et vraies, en partie du moins, mais quelle conclusion en tire-t-il? La réponse est à double face. Mr. Bright, ou pour en finir avec lui, les démocrates en général, pouvons-nous dire, en tirent deux conclusions. L'une, quand ils se posent comme agitateurs politiques, l'autre, quand ils veulent être des penseurs sérieux, et entre ces deux espèces il faut savoir distinguer. Agitateurs, voici comment ils raisonnent : *L'habitation luxueuse est exclusivement le produit du travail, elle eût été construite aussi bien, lors même que ceux qui en sont mal à propos les possesseurs actuels n'auraient jamais existé. Il n'y aurait en ce cas qu'une différence : ceux qui en jouiraient, et à bon droit, seraient les travailleurs mêmes qui l'ont faite. Et ce qu'on dit de la maison s'applique également à toutes les autres formes du luxe, aujourd'hui monopolisées par les classes qui ne travaillent pas. Qu'on supprime ces dernières, les travailleurs hériteront de leur luxe. On n'en aura pas moins de beaux équipages, seulement les femmes des ouvriers s'y feront conduire à leur tour; de belles toilettes, et les femmes des ouvriers les porteront alors. Le briquetier, quand le soir il rentrera chez lui, y trouvera son salon; la ville de Londres de l'avenir ne sera plus qu'une longue suite de Belgrave squares.* Voilà bien une doctrine violente; dans l'effervescence d'une agitation politique, les démocrates ne manquent pas de la professer devant leurs auditeurs ignorants, mais ils ne le font qu'en ces occasions. Loin de faire partie de leur système raisonné, elle est au contraire incompatible avec lui; et jamais ils n'ont songé à la soutenir sérieusement. Leurs dupes et leurs ennemis toutefois le supposent si bien qu'il faut au moins en passant en montrer la fausseté.

Continuant donc de faire de la maison le type de la richesse et du luxe, nous nous demandons pourquoi c'en est effectivement le type. Parce qu'elle se compose de certains matériaux, et qu'on a dépensé dans ces matériaux certain travail et certaine habileté? Non, bien évidemment. Les mêmes matériaux, le même travail et la même habileté pourraient aussi bien aboutir à la construction d'une baraque surmontée d'un dôme, sans fenêtre et sans cheminée et couronnée d'une gigantesque théière en marbre. Et qui donc qualifierait jamais d'œuvre de luxe une pareille monstruosité? Mr. Bright plaindrait-il ses travailleurs de n'avoir pas de semblables maisons à leur disposition? Si donc cette belle maison est le type du luxe, le seul fait qu'elle a coûté tant de travail n'en est pas la raison, c'est plutôt parce que ce travail a été conduit d'une certaine manière. Nous avons supposé par exemple qu'elle a une façade imposante. Cette façade se compose de certains matériaux et c'est la main des briquetiers et des maçons qui les a mis en œuvre. Mais le travail de ces hommes n'est pas la cause qui a fait une façade de cette construction; si l'on n'y voit qu'un assemblage de briques quelconque, en ce sens il en est bien la cause. Mais il s'agit d'une façade : c'est l'architecte qui en est la cause immédiate. Et ainsi de tout le reste de la maison; tout ce qui constitue une habitation de luxe, tient, en fait de luxe, à l'architecte. Vous lui devez ces chambres si soigneusement arrangées, si bien chauffées, si habilement distribuées, ces chambres de luxe en un mot, quand on aurait pu vous faire des cachots malsains. Allons plus loin. Nous parlons de chambres confortables et bien disposées, nous les trouvons telles sans doute en vue d'un but spécial, celui de plaire aux goûts et de répondre aux besoins de la classe de ceux qui les habiteront, c'est-à-dire aux goûts et aux besoins des riches ; si les classes riches, par exemple, ne donnaient ni bals ni dîners, il n'y aurait pas d'appartements de réception dans notre maison. Si elles n'aimaient pas les beaux plafonds, les brillantes dorures, les panneaux aux riches couleurs, notre maison n'aurait rien de tout cela. Eh bien, c'est à ces formes de la magnificence que Mr. Bright et les penseurs de son école ne manquent jamais de s'attaquer quand ils s'adressent aux masses; ce sont elles qu'ils prennent pour types de la richesse en général. Si donc ils entendent bien ce qu'ils semblent vouloir dire, s'ils entendent que la richesse, c'est le luxe actuel et la splendeur des riches, alors il s'en faut que le travail en soit effectivement la cause, car il ne nous donne vraiment rien de ce qui la caractérise. La richesse en ce sens est comme une statue de bronze, dont la beauté résulte du moule où l'on a jeté la matière. Ce qui forme le moule, ce sont les goûts et les habitudes des riches; le travail ne fait que fondre et verser le métal. Ainsi faut-il que les riches soient la vraie cause de la richesse prise en ce sens, car c'est pour eux qu'elle existe et sans eux elle ne serait pas. Pour le travailleur, ce serait le fruit de la mer Morte, qui tombe en poussière dès qu'on y porte la main. Si donc on la lui présente comme une proie à laquelle il a droit, lui travailleur, dont il peut jouir comme travailleur, on ne fait que le tromper en vue de quelque dessein ultérieur. Aucun penseur sérieux ne se laissera décevoir par une fausseté si grossière, et j'en parle ici, moins pour la combattre, que pour montrer au lecteur qu'elle n'a pas besoin d'être combattue.

Ce que professent vraiment les démocrates, ce qui seul mérite un examen sérieux est quelque chose de tout différent. Non seulement ils reconnaissent parfaitement que la richesse, au sens où nous prenons le mot, est si bien faite pour les classes riches, qu'elle ne serait jamais sans elles le fruit du travail, mais ils ajoutent encore qu'il n'y aurait plus aucun moyen de la produire; c'est même un point capital de leur argumentation que, si les classes riches étaient supprimées, la production en serait arrêtée. Il n'y aurait plus de palais, plus d'escaliers grandioses, plus de longues suites d'appartements de réception; on n'en aurait pas même les plus humbles imitations, et l'on verrait disparaître infailliblement la richesse en ce genre. Mais, disent-ils, il est une chose dont on ne verrait pas ainsi la fin, et la richesse existerait sous une autre forme. La forme changerait, mais le fond demeurerait toujours le même. La richesse subirait une métamorphose, mais n'aboutirait pas à une ruine. Ainsi, au lieu d'avoir une maison composée de vingt pièces sans usage, et toutes cinq fois plus grandes que la nécessité ne le demande, on aurait quantité de maisons plus petites, bâties sur des principes différents, mais tout aussi parfaites à leur manière. Le travail autrefois consacré à l'orgueil d'une seule famille servirait ici à la saine jouissance du grand nombre. Au lieu de nous donner une splendide galerie, il nous procurerait alors une cinquantaine d'intérieurs agréables. Et l'on verrait se modifier ainsi tout ce qui tient aux aliments, aux vêtements, aux tapis, aux meubles et aux autres productions d'utilité ou d'ornementation. Il n'y aurait plus, pour le plaisir d'un individu, de ces objets d'une valeur fantastique et ruineuse, comme cela se voit si souvent aujourd'hui, plus de liqueurs valant quinze shillings la bouteille, plus de tapis à trois guinées le mètre, plus de bureaux payés jusqu'à cinq mille livres. Le travail et le talent si puissamment concentrés aujourd'hui sur de tels objets, seraient sans la moindre diminution appliqués autrement, et entreraient dans une voie meilleure. Au lieu de produire un petit nombre de superfluités, qui ne sont propres qu'à exciter l'envie et à amollir les cœurs, on s'appliquerait à multiplier des œuvres saines, qui ne nuiraient à personne et qui offriraient aux hommes d'un goût sérieux plus de charme même que celles d'autrefois. Ainsi se trouverait en quelque sorte frappée en menue monnaie, toute la richesse de la communauté, dont la somme toutefois serait aussi grande, peut-être même plus grande que par le passé.

Telle est bien la conclusion que tirent les démocrates de leur doctrine du travail et de la richesse; c'est en la plaçant sous ce jour que nous devons en comprendre la signification. Or, on voit du premier coup qu'elle signifie au moins clairement ceci : que la somme de talent et de travail qui se dépense annuellement dans une communauté donnée est indépendante des usages auxquels on l'applique ; les usages peuvent varier, les ressources restent constamment les mêmes. Cette proposition peut se réduire à une forme plus simple. Les hommes qui ne travaillent pas sont suivant elle une classe artificielle et contre nature ; l'homme ayant des facultés, petites ou grandes, doit naturellement et toujours les développer jusqu'au bout, pourvu qu'il n'en soit pas empêché. En d'autres termes, il y a dans cette doctrine du travail et de la richesse une affirmation qui porte sur la nature humaine. On y déclare que l'homme est par sa nature un animal qui travaille, qu'une communauté humaine est naturellement une communauté de travailleurs et qu'étant donné un certain nombre d'hommes, à moins d'un empêchement quelconque, il en sortira naturellement encore telle somme de travail. Ce qui revient à dire qu'on peut compter sur un homme pour travailler aussi sûrement qu'on peut compter sur lui pour manger; qu'il porte en lui un besoin de travail qu'on pourra bien expliquer de différentes manières, mais aucune de ces explications n'affectera profondément les intérêts économiques. On voit dans l'homme un besoin essentiel, et à ce titre, on peut s'emparer de ce besoin et le prendre pour base.

Nous avons donc enfin trouvé ce que nous cherchions. Pas à pas nous avons poussé l'examen de la théorie démocratique, nous avons remonté en la suivant constamment la généalogie de sa doctrine, et nous arrivons maintenant au point d'où procède son développement. La conception qui fait de l'homme un animal travaillant naturellement, le besoin de travail établi chez lui comme un fait et comme un principe social essentiel : voilà le fondement logique du plan ou du système que nous propose présentement le parti déclaré du progrès. Toute la doctrine de l'égalité, toute la théorie démocratique dépend pour son maintien ou pour sa ruine de l'exactitude de ce principe. Nos recherches se circonscrivent et viennent ainsi aboutir à cette seule question : La conception susdite est-elle viaie ou fausse? quelle est sa relation avec les faits actuels de la vie? Les théoriciens de la démocratie, alors même qu'ils ont évidemment cette conception dans l'esprit et que, nous l'avons démontré non moins clairement, sur elle repose toute leur argumentation, ont rarement osé l'envisager ainsi sous la forme d'une proposition définie. Il faut bien le supposer pour avoir la raison d'un fait difficile à expliquer autrement. On aurait de la peine à expliquer en effet qu'un groupe d'hommes eût jamais pu admettre, et même eût pris pour base de ses raisonnements, une fausseté aussi monstrueuse que celle qui se trouve contenue dans cette conception. Les démocrates ne sont cependant pas les seuls qui soient ici dans l'erreur. Des économistes ont sur des sujets analogues donné dans la même fausseté; ils n'en ont pas fait peut-être le point d'appui de leurs raisonnements, mais ils ont négligé de la remarquer ou du moins ne l'ont pas exposée. Peu de faits à mes yeux, dans l'histoire moderne, sont aussi étranges que cette singulière inadvertance. Car cette fausseté est dans son genre tout ce qu'on peut imaginer de plus énorme, et nous la surprenons implantée en quelque sorte au cœur même de nos penseurs modernes les plus influents. Elle s'y trouve d'ailleurs en pleine sécurité ; c'est le joueur à cache-cache au milieu de ceux qui le cherchent ; on passe, on effleure ses vêtements et l'on ne se doute pas du tout de sa présence. Plus je considère ce fait, plus il me paraît anormal. Car s'il y eût jamais une fausseté à ne pouvoir demeurer cachée, et qui étant en contradiction avec les vérités les mieux connues de la science, devait sûrement, d'après tous les calculs, se faire découvrir, c'est bien celle-ci, on peut le croire. Je dirai plus, sous une autre forme et appliquée à d'autres questions, on ne l'a pas seulement découverte, on l'a dénoncée et mise au grand jour. La psychologie moderne n'en est assurément qu'une longue et écrasante réfutation. Et pourtant, on ne l'a chassée d'un certain ordre de pensées que pour lui permettre de se déguiser et de réapparaître sur un autre terrain. Le mensonge que les psychologistes ont hier mis a nu et jeté à la porte est aujourd'hui devenu, sous un autre costume, la première vérité de l'économie sociale. Il n'y a aucune exagération à présenter ainsi le cas en question, et c'est ce que je vais maintenant démontrer.

Prenons donc la doctrine que nous venons de considérer et examinons-la sous son aspect psychologique. L'homme, nous dit-elle, est par nature et par essence un animal travailleur; s'il n'en est pas actuellement empêché, il lui faudra travailler dans la mesure de ses capacités, et quel que soit l'emploi qu'on veuille donner à son activité, jamais son œuvre ne manquera de se produire; tout comme une rivière ne cesse pas de couler, en dépit des moulins de tous genres qu'on peut élever sur ses eaux. Autrement dit, la somme du travail chez l'homme ne résulte point des conditions du milieu où il vit, elle en est indépendante. Cependant les conditions du milieu dans lequel se meut la vie de l'homme équivalent exactement aux motifs qui le font agir. Donc au point de vue psychologique, cette doctrine consiste bel et bien dans cette affirmation, que le travail est un genre d'action qui se produit sans motif. Le motif peut bien en diriger l'application, mais il n'est pas la cause de son existence. Cette cause, c'est ailleurs qu'il faut la chercher. Elle est inhérente à la constitution humaine, absolument comme la soif ou la faim, et n'a pas plus que ces besoins d'origine externe. En un mot, comme on l'a dit, c'est une action qui n'est pas causée par un motif.

Or, si l'on proposait une pareille doctrine dans un traité de psychologie, on en verrait à l'instant même le caractère monstrueux. Mais quand on la rattache à des fins concrètes, quand on cesse de la traiter comme une doctrine psychologique pour n'y plus voir qu'une thèse économique ou sociale, il semble tout de suite qu'on en fait disparaître la fausseté. Ce fait doit avoir sans doute une explication; et voici comme je la conçois. La théorie démocratique, dans l'esprit du démocrate, se fonde originellement, non pas sur des pensées, mais sur des images, la pensée ne vient qu'après, simplement pour analyser ce qui est contenu dans l'image. Or, la première image qui saute aux yeux du démocrate se compose de deux figures qui se font contraste : celle de l'homme qui travaille et celle de l'homme qui ne travaille pas; il les accepte comme types de l'ensemble de la société humaine. Alors se présente à lui sur-le-champ cette réflexion extrêmement claire : comme il est évident que nul ne peut vivre sans un travail quelconque, l'homme qui ne travaille pas est à la charge de celui qui fait la besogne ; si le dernier encore cessait d'entretenir le premier, celui-ci se mettrait sur-le-champ à s'entretenir lui-même. C'est dans cette image bien simple, dont j'ai parlé plus haut, et dans les réflexions également simples qu'elle suggère, qu'il faut rechercher l'origine de la doctrine du travail. Or, dans toute l'étendue de leur portée, ces réflexions ne manquent pas de vérité ; mais ce qu'il faut remarquer, c'est qu'elles ne vont pas loin, et ce qui fait l'erreur des démocrates, c'est qu'ils ne le comprennent pas. Ils les poussent au delà de leurs justes limites et en font de la sorte une fausseté déraisonnable et grotesque. Considérons un moment ce que nous en pouvons réellement conclure. En elles-mêmes, elles reviennent à dire, que si personne ne travaille pour un autre, cet autre ne manquera assurément pas, du moment qu'il veut vivre, de faire œuvre quelconque pour son propre compte, pour l'excellente raison qu'il ne saurait vivre autrement. Partant de là, le démocrate saute tout de suite sur cette loi générale, que l'homme naturellement, pourvu qu'il ne soit pas entravé par des conditions artificielles, exercera toujours ses facultés, comme le peut faire l'ouvrier à qui l'on donne un salaire. Il s'en ira, produisant n'importe quoi, mais quelque chose toujours. Voilà bien ce qu'entend dire le démocrate, quand il affirme que le travail est la cause de la richesse et quand il conçoit l'homme comme un animal qui travaille naturellement.

Mais l'observation ne confirme point ces conclusions. Elle nous montre bien que l'homme travaillera naturellement de façon ou d'autre. Mais on n'obtiendra de lui que la moindre somme de labeur qui se puisse concevoir, rien de plus que ce qui est strictement nécessaire à sa subsistance. Ce labeur, au moins, nous pouvons compter qu'il le fera. Mais pourquoi? Parce qu'il y a certains besoins qu'il ne manquera jamais, nous pouvons en être surs, de ressentir. En un mot, pouvons-nous dire, il ne fera naturellement que le seul travail qui répond aux besoins dont il ne peut jamais se défaire. Quant au labeur qu'il pourrait accomplir en plus, il ne le fera jamais qu'en vertu de certaines circonstances variables : et tant qu'on les ignore, on ne peut rien affirmer de ce surcroît de travail.

Mais par là même, il le semble du moins, on pourrait dire en un sens très limité, que dans la pratique, le travail est naturel à l'homme, et accepter la tendance qui l'y porte comme un fait essentiel à sa constitution. Toutefois, si l'on prend le mot en ce sens, on verra bien encore que le travail n'est assurément pas la cause de la richesse. Au contraire, c'est simplement la cause de ce qui suffit tout juste à la subsistance. Si les démocrates veulent user de cette expression ainsi entendue, ils s'apercevront bien qu'elle ne peut leur convenir que comme une vague formule de pensée, et si leurs auditeurs sont dûment avertis de ce qu'elle vaut, il n'y aura plus de raison pour qu'elle leur donne une idée fausse. Mais pour le but que nous avons en vue, elle ne serait propre qu'à nous embrouiller et nous devons nous débarrasser de cette phraséologie ambiguë. Il convient donc d'observer que, pour pouvoir compter avec certitude qu'un homme fera le minimum de travail en question, il faudra encore qu'il y soit déterminé par des circonstances extérieures, et qu'il ne produira rien, à moins qu'elles ne soient là pour motiver son action. Supposons, par exemple, qu'un homme affamé soit enfermé dans une prison, n'ayant aucun moyen de se procurer des aliments et le sachant. Nous aurons en ce cas le besoin intérieur, mais nous n'aurons certainement pas le travail. Un motif est le produit de deux choses, et le besoin intérieur en est une. L'autre se trouve dans les moyens extérieurs à l'aide desquels on croit pouvoir satisfaire ce besoin; et dans l'absence de ce dernier élément, le travail est impossible. Si notre prisonnier mourant de faim croit qu'il y a dans sa cellule des aliments cachés quelque part, sous des pierres détachées, sous des briques qu'il peut disjoindre, il mettra ses mains en pièces pour essayer de démolir la maçonnerie. Mais si la structure des murailles lui démontre l'impossibilité d'une pareille espérance, il n'essaiera pas, hors le cas de folie, de lever seulement un doigt pour venir à bout d'une surface de granit massif. En de telles circonstances, le travail, loin de lui être naturel, lui devient impossible; il ne peut même y songer.

L'absence du motif le rend immobile comme une bûche inerte. Ainsi, ce besoin, qui doit déterminer l'homme à un minimum de travail, est bien en pratique un fait essentiel à son tempérament, mais n'est pas du tout un fait essentiel, absolument parlant ; le représenter comme tel, c'est simplement employer une façon abrégée pour dire, non pas que le travail est indépendant des circonstances, mais que les circonstances qui le produisent existent en fait partout et toujours ; en d'autres termes, que l'homme travaillera toujours pour se nourrir, et que partout où il sera, son travail ne manquera jamais de lui procurer sa nourriture.

Recueillons maintenant les arguments précédents pour les appliquer enfin à la grande doctrine que nous examinons, la doctrine de la démocratie moderne qui fait du travail la cause de la richesse. Et voici ce qui en résultera. Cette doctrine à laquelle on fait si constamment appel dans la politique et dans l'économie sociale, qu'on affecte de présenter au monde comme un nouvel évangile social, comme la première messagère d'espérance donnée aux multitudes, et qui partage les esprits en y excitant ou l'espoir ou la terreur, devient, quand on l'analyse à fond et quand on l'a réduite aux propositions qu'elle renferme, une doctrine absolument en désaccord avec tous les enseignements de la science, et d'autant plus clairement monstrueuse qu'elle est plus complètement comprise. De deux choses l'une, ou bien c'est la contradiction directe des faits de la vie, ou bien c'est une affirmation qui n'a pas avec eux le moindre rapport. C'est une fausseté ou un non-sens. Si l'on parle du travail au sens où nous l'avons pris, en ce sens que l'homme ne travaille naturellement qu'autant qu'il a des motifs de le faire, cette doctrine alors n'est pas un non-sens, mais une fausseté. Car le travail ainsi qualifié, comme nous l'avons vu, produit non pas la richesse, mais l'antithèse même de la richesse, le nécessaire de la subsistance.

D'autre part, si l'on entend parler du travail, et c'est indubitablement le sens que lui prêtent les démocrates, en mettant complètement de côté la notion susdite ; si l'on y voit une cause constante et primordiale en elle-même, si c'est à ce titre qu'on affirme qu'il produit quelque chose, cette doctrine alors est pour le moins un non-sens. C'est la contradiction de la première vérité de la psychologie, d'une vérité admise par les penseurs de toutes les écoles, aussi bien par les fatalistes que par ceux qui croient au libre arbitre, de cette vérité qui affirme que l'action procède du motif qui la produit; que la volonté, fût-elle aussi libre qu'on l'a jamais prétendu, ne peut jamais que choisir entre les motifs et non pas les remplacer.

Il faut clore cet examen critique qui renverse spéculativement la thèse; mais je n'en ai pas fini au point de vue pratique. Nous avons fouillé jusqu'aux racines de la théorie démocratique, nous n'y avons trouvé qu'une fausseté scientifique, et le lecteur n'a pu refuser son assentiment aux arguments que je lui ai successivement exposés. Cette fausseté, une fois placée sous son véritable jour, paraît tout de suite si palpable, si grossière, que plusieurs vont se demander sans doute si jamais, après tout, il s'est trouvé quelqu'un qui osât la professer; on ne pourra croire que la théorie démocratique puisse reposer sur un pareil fondement, et l'on va se demander si nous ne nous sommes pas battus tout ce temps contre des moulins à vent. Il faut avoir raison de ce doute, autrement on ne saurait regarder comme définitivement mise hors de cause la théorie démocratique. Je vais donc appeler l'attention du lecteur sur le fait suivant.

Mr. Herbert Spencer, dans son *Étude de la sociologie*, s'occupe de la question même que nous avons discutée, à savoir de l'origine de ce que le démocrate entend par la richesse, et il en cite un excellent exemple, celui de la presse Walter, qui sert à imprimer le *Times*. Cette presse, ai-je dit, en est un excellent exemple, par la raison que c'est une machine qui produit non pas un luxe aristocratique, mais un luxe de première nécessité dans l'idéal de la vie démocratique, c'est-à-dire un journal. Mr. Spencer nous demande donc de considérer l'origine de la presse Walter. Beaucoup de personnes, croit-il, n'en ont aucune notion; il se dispose donc à nous instruire à cet égard. *En premier lieu*, dit-il, *cette machine automatique est en droite ligne descendue d'autres machines automatiques*, *dont chacune en suppo-*

sait une autre qui l'avait précédée,... et alors en remontant jusqu'aux antécédents les plus lointains, nous lui trouvons un ancêtre dans une presse à la main, qui, dans le cours des âges, est allée toujours en s'améliorant. Nous n'avons là toutefois, dit Mr. Spencer, qu'une faible partie de son histoire. Il nous montre alors comment la presse Walter non seulement suppose des ancêtres dans les presses qui l'ont précédée, mais comment elle implique l'existence de la mécanique qui a servi à la faire, et comment celle-ci encore doit avoir un ancêtre qui lui est propre. Ensuite il nous apprend que la presse Walter aurait été inutile, si l'on n'avait pas inventé une machine à papier capable de le fabriquer, en lui donnant une longueur en quelque sorte indéfinie. *Ainsi*, dit-il, *la genèse de la machine à papier s'y trouve aussi renfermée.* A tout cela il faut joindre l'abondance du fer en Angleterre, qui a été la principale cause du développement général de nos machines. Il s'arrête ici pour nous faire observer qu'il s'en faut encore que nous ayons fini notre enquête. Pour produire la presse Walter, des causes morales ont été également mises en œuvre. *Sans cette dis-*

position, nous dit-il, *qui nous porte à sacrifier le bien-être du présent au bénéfice du futur, que suppose toute grande entreprise, jamais la machine en question ne se fût produite. Sans les ingénieurs-mécaniciens disposés à remplir assez bien leurs engagements pour exécuter soigneusement cet ouvrage, nous n'aurions eu ni cette machine ni celles qui ont servi à la faire; à défaut d'artisans doués d'une très grande conscience, aucun patron n'eût pu s'assurer l'exactitude du travail... En sorte que, dans l'accomplissement de cette machine, se trouvent compris non seulement l'état de notre industrie qui s'est lentement développée, avec ses produits et ses procédés innombrables, mais aussi les tempéraments intellectuels et moraux qui se sont aussi formés lentement dans les patrons et dans les ouvriers. Maintenant, n'avons-nous rien oublié?* poursuit Mr. Spencer. *Nous avons encore laissé de côté tout un ordre de choses qui entre dans tout phénomène social de quelque importance, celui qui comprend l'ensemble des progrès de nos connaissances. Sans une géométrie considérablement développée, sans une physique très étendue,... et dans l'absence d'une chimie très perfectionnée, jamais une pareille machine n'eût pu exister. Sûrement,* s'écrie-t-il, *nous arrivons à la fin de l'histoire. Pas encore tout à fait; il y reste un facteur essentiel. Nul ne se résout à dépenser pendant des années des milliers de livres, à persévérer en dépit des inquiétudes et des désappointements, sans un puissant motif. La presse Walter n'a pas été simplement un tour de force. Pourquoi donc l'a-t-on faite? Pour satisfaire très rapidement à une énorme demande, pour imprimer à l'aide d'une machine* 16,000 *exemplaires à l'heure.* Mr. Spencer amplifie un peu cette donnée, et alors il nous apprend que son exposition est complète enfin. Il nous a exposé toutes les causes qui ont produit cette pièce typique de la richesse.

Maintenant je vais demander au lecteur de considérer attentivement cet exposé, et en voici la raison. Il nous est donné par un homme qui, entre tous ses contemporains, est peut-être celui qui représente le mieux la pensée scientifique moderne. Il est peu de branches de la science qu'il n'ait étudiées, peu d'opinions auxquelles il ne soit familier; il a spécialement analysé la nature humaine et la société, et c'est là l'exposé qu'il nous présente des faits sociaux les plus frappants : ceux de la production de la richesse matérielle. Qu'est-ce donc qu'y voit le lecteur? Peut-être est-il frappé tout d'abord de ces développements et de ces complications extrêmes, qui contrastent avec la simple formule qui fait du travail la cause de la richesse. Mais ce contraste est d'ailleurs superficiel. Le lecteur n'y a-t-il donc pas encore découvert autre chose ? Je vais le lui montrer. Dans cet exposé laborieux de M. Herbert Spencer, en dépit de toute la connaissance et de toute la pénétration qu'il y montre, se trouve tacitement enveloppée la même fausseté que nous avons trouvée à la racine de la théorie démocratique. Chacune des causes énoncées par M. Spencer implique l'existence, non seulement du travail humain, mais du travail sous ses formes les plus variées. Tout ce genre de travail, Mr. Spencer le tient pour accordé, mais s'il a bien soin de nous dire comment il a été dirigé dans tous les cas, il ne lui arrive pas une fois de se demander ce qui l'a engendré. En d'autres termes, dans tout cet enchaînement spécial, il conçoit le travail comme une action indépendante du motif. Il ne le dit pas, il ne le pense pas même distinctement, mais la conception en demeure évidemment au fond de son esprit, et l'on peut suivre partout la trace obscure de la présence de cette conception dans la manière dont il traite le sujet. Le lecteur doit se demander toutefois : comment cela peut-il être? Mr. Spencer ne mentionne-t-il pas spécialement le motif? Et même, n'est-ce pas son fil conducteur et le point par où il finit? A cela je réponds que, dans toute la portée du mot, Mr. Spencer, sans doute, non seulement fait mention du motif, mais le fait avec ostentation. Toutefois cette prééminence qu'il donne au mot montre simplement combien entièrement il a négligé la chose. Voyons en quoi. En premier lieu, dans toutes ces actions sans fin qu'il nous présente comme renfermées dans la production de la presse Walter, se trouvent bien les actions d'un homme, de celui-là seulement auquel il croit nécessaire d'assigner au moins un motif, et ce sont celles de l'inventeur même de la machine. Les actions de tous les inventeurs qui l'ont précédé, celles de tous les mineurs, des fondeurs, des chimistes, des ingénieurs et autres, sont acceptées comme des matières courantes qui n'ont pas besoin d'explication. Cette omission toutefois n'est comparativement que de peu d'importance. C'est un indice plutôt qu'une preuve de l'erreur réelle en question. La preuve de cette erreur ne consiste pas en ce que Mr. Spencer manque d'appuyer suffisamment sur le motif, mais bien en ce qu'il nous donne pour un motif ce qui réellement n'est pas un vrai motif. Étudions soigneusement ce point. L'invention et l'achèvement de la presse Walter, dit Mr. Spencer, a coûté un travail persévérant à quelqu'un, à l'inventeur, et cet homme n'a travaillé dans cette voie que parce qu'il était porté à le faire en vertu d'un certain motif. Or quel était ce motif, au dire de Mr. Spencer? C'était le désir qu'il avait, nous dit-il encore, d'imprimer le *Times* à raison de 16,000 exemplaires par heure; ou comme il le remarque ensuite, le désir de répondre à la demande du public réclamant ces exemplaires. Mr. Spencer toutefois confond ici deux choses. Il confond le motif d'une action avec le but de cette action. Le but d'une action, c'est sa fin objective; le motif en est la fin subjective. L'une est la cause qui fait agir l'homme d'une certaine manière, l'autre la cause qui le fait agir en général ; et bien que ces deux causes puissent à l'occasion coïncider, elles sont pourtant toujours essentiellement distinctes, et généralement elles diffèrent complètement. Ainsi, dans la production de la presse Walter, le désir mis en avant de répondre à la demande du public a constitué sans doute le but de l'inventeur, mais n'a point constitué son motif. Ce motif n'était point dans ce désir, mais bien dans la raison qui lui faisait avoir ce désir. Or cette raison, on peut au moins le concevoir, peut avoir été de sa part un vœu entièrement désintéressé ; il aurait eu en vue de procurer un exemplaire du *Times* à quiconque en voudrait, et dans ce cas le motif et le but viendraient à coïncider accidentellement. Mais le motif n'en serait pas moins pour cela distinct du but ; et il ne serait pas possible de l'exprimer dans les mêmes termes. La seule façon de l'exprimer consisterait à employer les termes mêmes qui le caractérisent, à savoir, la sollicitude charitable et profonde que le public en général aurait inspirée à l'inventeur. Et toutefois, nous ne ferons pas injure, je crois, à cet inventeur, en refusant de lui accorder le bénéfice d'une disposition si singulière dans ses sentiments, et de lui attribuer au lieu de cela, comme étant son motif, le désir de gagner de l'argent; nous pourrons dire ainsi que, tandis qu'il avait pour but de donner quelque chose au public, le motif qui l'inspirait était d'en tirer pour lui-même quelque chose. En tout cas, que tel ait été son motif ou qu'on lui en attribue un tout autre, c'était quelque chose à quoi Mr. Spencer ne fait pas même allusion; c'était une tendance intérieure à l'action que des circonstances extérieures avaient développée en lui, et c'était exactement la résultante de ces deux choses jointes à l'action de son caractère propre. Et nous en pouvons dire autant, non seulement de cet inventeur, mais de ce nombre infini de personnes, sans le travail desquelles, comme le dit Mr. Spencer, la presse Walter n'eût pas été possible. A défaut de motif, pas un de ces travailleurs n'eût seulement bougé un muscle; ils auraient tous été comme les hôtes du palais de la Belle au Bois dormant. Et partout, dans le cas du houilleur maniant son pic, du chauffeur allumant les feux de sa machine, du chimiste à son creuset, le motif a été la résultante exacte du caractère de l'homme et des conditions où il se trouvait, c'est-à-dire des besoins qu'il éprouvait et des moyens qu'il avait d'y satisfaire. Nous avons donc ici la seule cause finale, non seulement du travail de l'homme, mais même de chacun de ses mouvements ; et de cette cause pourtant Mr. Spencer ne dit rien. Il la connaît bien en sa qualité de psychologue, mais comme sociologiste, il l'a entièrement oubliée. A ce dernier titre, elle n'est même jamais entrée dans ses considérations. Que conclure donc ? Absolument ce que j'ai déjà dit : que cette même fausseté démocratique qui, une fois exposée, ne peut que difficilement être attribuée à un être intelligent, qu'il serait plus difficile encore de concevoir comme étant la base d'un système reçu, se trouve actuellement dans les raisonnements d'un homme, même comme Mr. Spencer, d'un homme qui serait le premier entre tous, s'il en découvrait la présence, à la reconnaître et à en dénoncer l'énormité. Dès lors, le lecteur ayant vu de ses yeux qu'un penseur comme Mr. Spencer peut en être coupable, trouvera moins difficile de faire entrer cette vérité dans sa tête que Mr. Bright n'en saurait être indemne, et que du moment qu'un homme comme Mr. Bright a le courage de la professer, il s'en trouvera des millions qui seront prêts à l'accepter et à en faire la base de leurs raisonnements.

Finalement, pour confirmer ces arguments et pour en rendre la portée pratique plus saisissante, il faut ajouter une chose encore. A la place de la fausseté fondamentale de la pseudo-science du démocrate, nous avons à mettre la vérité fondamentale qui dans la vraie science sociale doit y correspondre. La pseudo-science part de cette conception que l'homme est un animal qui contient en lui-même le besoin naturel du travail. La vraie science fait justement le contraire. Elle part de cette conception que l'homme est un animal qui en lui-même ne contient de dispositions nécessaires d'aucune sorte et qui n'en montre, qu'autant qu'il y est poussé par des circonstances extérieures. Séparé de ces circonstances, elle le regarde à peine comme un être animé. Elle lui accorderait peut-être autant de vie qu'à un végétal, il aurait conscience de cette vie encore ; mais en ce qui regarde le pouvoir d'accomplir une action, il serait pratiquement mort. Il demeurerait dans l'immobilité, n'ayant pas de motif d'en sortir. Si nous voulons arriver à une vraie connaissance scientifique de ce qui est humainement la cause de la richesse, du progrès et de la civilisation matérielle, il nous faut partir de cette donnée qui fait abstraction des circonstances dont l'homme est entouré. Il nous faut le dépouiller de tous les attributs qui nous le font connaître comme un animal travaillant. Il nous faut l'envisager comme étant sur un pied d'égalité avec un chou ou avec une botte d'asperges, comme aussi incapable que ces objets du moindre effort. Et c'est à peine si cette image représente suffisamment son état de mort profond et absolu. Évoquons en ce moment le visage et la figure de Napoléon ; songeons aux énergies qui, quelque part qu'il fût, se manifestaient en lui ; et demandons-nous pourquoi ces énergies ne lui ont jamais fait défaut. C'est que, quelque part qu'il fût, il se trouvait environné des conditions extérieures où il vivait.

Faites abstraction de ces influences, et ce corps animé d'une vie si intense, devient inactif, impuissant, comme une tête de morue dans le ruisseau, comme une poupée de cire dans un bazar. Prenez maintenant ce bloc sans vie et remettez-le encore une fois dans les conditions de son milieu. En un moment, en un clin d'œil, toute une armée de motifs est engendrée, et cette masse inerte ressuscite. La voilà : dans ses formes et dans ses mouvements, quelle expression! quelle vie admirable! Dans son action, c'est l'ange des combats; dans les terreurs qu'il inspire, c'est le Dieu du tonnerre! Donc, puisque l'homme séparé des conditions de son milieu ne peut avoir de motif; puisque, mis en dehors d'un motif, il n'a plus en pratique aucune faculté; puisqu'il est aussi incapable de travail qu'une poupée ou qu'un poisson mort, le travail en lui-même n'est pas plus la cause de la richesse que la plume de Shakespeare n'est la cause qui lui fit écrire *Hamlet*. La cause est dans les motifs dont le travail est extérieurement l'indice. En outre, le motif étant lui-même la résultante de deux choses, du caractère intérieur de l'homme et des conditions extérieures où il se trouve, c'est finalement dans ces deux choses qu'il faut chercher la cause de la richesse; et jamais on ne comprendra les conditions de sa production tant qu'on ne les aura pas, de façon ou d'autre, rattachées méthodiquement à l'une et à l'autre. Cette connexion n'a jamais encore été découverte, j'ose le dire ; c'est elle que doit nous montrer la science qui nous manque encore.

CHAPITRE IV.

UNE SCIENCE A METTRE A LA PLACE ET QUI NOUS MANQUE.

A présent, nous en avons fini avec les faussetés et nous nous mettons à la recherche de la vérité. Il en est une à laquelle nous sommes arrivés tout d'abord et que nous avons déjà exposée, c'est que tout travail a pour cause un motif auquel il doit se rapporter, et que le motif est chez l'homme la résultante de sa nature et des circonstances où il se trouve. Cette proposition n'est rien moins qu'une vérité banale. C'est seulement par induction et sans en avoir conscience que les démocrates la nient; une fois qu'on l'a clairement établie, ils l'admettent comme tout le monde. Donc, et c'est de là que nous partons, dans toute son étendue on peut la tenir pour établie et démontrée.

Toutefois, avant que nous puissions en faire

usage, il nous faut la présenter sous une forme plus complète et surtout plus précise. Il ne nous suffira pas de dire que le motif est la cause du travail, nous ajouterons que cette relation causale est d'un genre si intime, que toute manifestation du travail a son motif spécial qui lui correspond, et que toute différence qui se rencontre dans l'un a sa différence correspondante dans l'autre; en sorte que, partout où le travail apparaît sous des manifestations variées, il faut qu'il y ait pour les produire une variété de motifs correspondante.

Mais, présentée sous cette forme, la proposition cesse à l'instant d'être évidente et en voici la raison: Elle est susceptible, entre plusieurs significations diverses, de prendre l'une ou l'autre. Il faut nécessairement, on l'admettra bien, qu'il y en ait une vraie, mais laquelle est-ce? On ne le dira pas du premier coup. A quelque parti qu'on s'arrête, on aura besoin de preuves pour s'y tenir. Voyons donc tout d'abord quelles sont ces diverses significations. Elles résultent de la nature complexe du motif, et pour les bien comprendre, il faut faire de ce motif l'objet de toute notre attention. Nous avons dit précédemment qu'il est la résultante des circonstances et de la nature de chacun. Mais il nous faut présentement donner à notre langage plus d'exactitude. Remarquons bien qu'en parlant de la nature d'un homme nous entendons par là, non pas un, mais deux ordres de qualités. Nous ne comprenons pas seulement la bonté et la méchanceté, l'égoïsme et le désintéressement, la douceur et la cruauté, mais encore la sagesse et la folie, la vivacité et la stupidité et même quelque chose comme la force physique et la dextérité. Autrement dit, la nature d'un homme se compose de ses désirs d'une part, et de ses capacités de l'autre, et il nous faut maintenir entre ces deux points une distinction marquée. En conséquence, dans cette analyse où nous passons en revue le motif, nous dirons qu'il est la résultante non de deux, mais de trois choses, des conditions où l'homme se trouve, de ses désirs et de ses capacités (1).

(1) Bien que j'aie déjà touché en passant le point suivant, il n'est pas hors de propos d'en prendre note une fois de plus. L'affirmation qui fait de l'action la résultante des circonstances n'est point en contradiction avec la doctrine du libre arbitre. Le

Prenons pour exemple un chimiste, qui perçoit dans une manufacture un salaire élevé pour veiller à l'application d'un procédé chimique, et analysons le motif qu'il a de faire précisément ce travail. En premier lieu, il est évident que, puis qu'il le fait, il faut qu'il possède une aptitude spéciale à sa fonction ; autrement il ne le ferait pas et choisirait quelque autre genre de travail. En second lieu, plus il a d'aptitude, moins il doit lui convenir, selon toute apparence, de se livrer pour son plaisir à cette occupation routinière ; si donc il l'accepte, c'est qu'il veut gagner un salaire. En troisième lieu, il est bien évident que s'il y avait impossibilité de lui payer ce salaire, le simple désir de le gagner n'aurait pas sur lui d'effet pratique ; les conditions extérieures qui le lui feront effectivement gagner sont donc absolument nécessaires pour que son

lecteur qui pour des raisons théologiques ou autres est attaché à cette doctrine, n'a donc point à s'en inquiéter. Que la volonté soit libre ou non, le motif est toujours la condition *sine qua non* de l'action. Le libre arbitre n'opère que dans le choix des motifs qui lui sont offerts. Il ressemble à un joueur de whist qui fait de son mieux avec la donne qu'il a en mains. Il ne saurait changer ses cartes, encore moins pourrait-il jouer s'il n'en avait pas.

désir se traduise en action, et la mise en action de son désir n'est pas moins nécessaire pour qu'il exerce ses facultés.

Supposons maintenant que, dans la même fabrique, notre chimiste ait un frère, employé simplement en qualité de tamiseur de charbon, et analysons les motifs que ce frère peut avoir lui aussi de faire sa besogne. Nous rencontrons ici les mêmes observations. Il doit évidemment avoir aussi des aptitudes pour ce travail; il ne le ferait pas s'il n'avait pas l'usage de ses bras ou s'il était en démence. Il est clair, en outre, qu'il ne le fait pas pour son plaisir, c'est-à-dire par un amour sentimental du métier; il le remplit donc parce qu'il veut gagner son salaire, et ce désir n'est mis en œuvre que grâce aux circonstances qui lui permettent de gagner sa rétribution. Otez à ces deux hommes une de ces trois choses, l'aptitude, le désir de l'argent ou les circonstances qui peuvent leur en procurer, et leur motif disparaîtra, et leur travail deviendra impossible. Au lieu de cela, si, gardant ces trois choses, nous nous bornons à modifier les aptitudes, nous aurons toujours un motif, mais un motif différent et qui produira un travail d'un autre genre. Nous n'avons pas dit encore le dernier mot de notre supposition. Le travail du tamiseur et celui du chimiste, tels qu'ils sont, diffèrent dans leur genre; donc tels qu'ils sont, il doit y avoir aussi une différence correspondante dans leurs motifs. La question est de savoir où se trouve cette différence : dans leurs aptitudes, dans leurs désirs, ou dans leurs conditions? Ou bien se trouve-t-elle plus ou moins dans l'ensemble de ces motifs? Tient-elle au fait que l'un est plus instruit que l'autre, que celui-là est plus ambitieux que celui-ci, que le premier est mieux payé que le dernier? Ou bien se trouve-t-elle dans le fait que l'un est en ces trois points supérieur à l'autre?

C'est maintenant la question que nous avons à étudier. Nous avons dit que, partout où il y a des manifestations diverses du travail, il doit y avoir pour les produire une variété de motifs correspondante; il nous faut; donc expliquer bien exactement quels sont, dans un motif, les éléments que nous déclarons variables.

Revenons à notre chimiste et à notre tamiseur,

dont les emplois peuvent être pris comme types des variétés du travail en général. Ils sont nés des mêmes parents ; ils ont été élevés ensemble et ces deux vies, dans la première enfance, ont dû se ressembler à peu de chose près. La différence qui existe dans leurs fonctions ne s'est développée que peu à peu. Quelle en a été la cause? Allons aux différentes suppositions possibles. Il se peut que le chimiste et le tamiseur aient été doués tous les deux, au début de leur existence, d'aptitudes égales, qu'ils aient compris également tous les deux qu'en les développant ils donneraient à leur travail une plus grande valeur pécuniaire ; mais le tamiseur était peut-être un paresseux ; l'ennui d'avoir à se développer aura sans doute plus que contrebalancé chez lui le désir de gagner de gros salaires ; il en résulte qu'il n'est apte qu'à faire un travail très simple, et qu'il doit se tenir satisfait de la rétribution qui peut lui en revenir. En second lieu, il est possible que les deux frères aient été également laborieux et aussi résolus l'un que l'autre à donner de la valeur à leur travail, mais il y avait entre eux disparité dans les aptitudes ;

chacun a bien fait de son mieux, mais les résultats obtenus ne sont pas les mêmes. Tous les deux ont essayé de devenir chimistes, un seul a réussi. Ainsi la différence de motifs correspondant à la différence de leur emploi dépendrait, dans le premier cas, de leurs désirs et, dans le second, de leurs capacités; et il en résulte aussi pour chacun d'eux une différence dans la condition qui leur est faite, puisque dans notre supposition nous admettons que la quantité du paiement varie suivant le genre de travail. Enfin il y aurait à faire une troisième hypothèse, d'après laquelle, dans les deux cas, nos hommes auraient le même traitement. Le tamiseur est payé autant que le chimiste, et le chimiste ne reçoit pas plus que le tamiseur. Tous les deux toutefois, ne l'oublions pas, reçoivent quelque chose, sans quoi, ni l'un ni l'autre ne voudrait travailler. Dans ce dernier cas, les conditions qu'on leur fait entrent toujours comme élément dans les motifs, mais elles cessent d'être l'élément de leur différence, qui tient tout entier à la nature de ces deux frères. Le chimiste fait de la chimie simplement parce que cette science lui plaît et qu'il a eu la persévérance et le talent de l'acquérir. Le tamiseur fait son métier par cette seule raison qu'il le préfère ou qu'il ne se trouve pas propre à de plus hauts emplois ; il prend donc le plus simple, celui que l'occasion lui présente.

Maintenant, si nous envisageons ces deux frères comme des individus, et non comme des types, la disparité de leur genre de travail pourra se rapporter à l'une ou l'autre de ces trois suppositions. Elle peut venir évidemment de la première ou de la seconde, comme il est possible encore qu'elle vienne de la dernière. Il a fort bien pu se trouver deux frères, dont l'un, en dépit de toute la peine qu'il s'est donnée, n'a pas réussi à gagner un schilling de plus que l'autre ; seulement, comme il avait d'instinct l'amour de la science, il a étudié et s'est fait chimiste, puis il a dû se résigner à mettre son savoir au service d'un manufacturier au prix modeste qui rétribue le travail manuel du tamiseur. Mais nous n'avons pas à nous occuper ici des cas exceptionnels, et ce dernier étant une exception n'a rien à faire avec nous. Les deux frères nous ont fourni des types, nous ne les avons pas pris comme des individus. Ils représentent la règle générale et nullement l'exception à cette règle. Du moment où nous voyons en eux des types, il ne s'agit pas de faire l'analyse de leurs motifs individuels, mais bien de savoir ce que sont en réalité ces motifs. Il n'y a qu'une façon de prendre le cas. Nous n'avons point à imaginer ce qui serait possible, mais à observer ce qui se passe en fait, en prenant pour base l'observation des carrières humaines, telles qu'elles sont ou telles qu'elles ont été.

Ayant ainsi montré les différentes manières dans lesquelles on peut voir se diversifier le motif pour produire des genres divers de travail, nous allons rechercher maintenant tout ce qui, dirons-nous, en règle générale, doit par le fait varier.

Je pose d'abord la conclusion dont nous aurons ensuite à donner la preuve. Partout où les manifestations du travail sont variées, avons-nous dit, il doit y avoir aussi diversité dans les motifs correspondants ; et voici ce qui doit, à notre sens, en résulter relativement au motif. En premier lieu, il y a toujours chez l'homme une variété dans les aptitudes; en second lieu, la même variété existe d'ordinaire dans leurs désirs. Ces deux propositions n'ont rien qui puisse nous arrêter. Elles sont impliquées dans tous les cas possibles et ne sont niées par personne Mais au troisième élément se rapporte une proposition qu'il nous faut maintenir et prouver. C'est l'élément des conditions externes, et c'est sur lui, et sur lui seul que doit rouler toute la discussion. Cette proposition la voici : Dans le cas où chaque genre de travail est différent, si les conditions externes ne l'étaient pas aussi, les deux autres différences en pratique cesseraient d'exister : dans les désirs, la différence ne se traduirait pas en action ; dans les capacités, elle n'aurait pas occasion de se développer. En d'autres termes, les désirs des hommes étant variés et leurs capacités l'étant aussi naturellement, s'il n'y avait pas une variété correspondante dans les biens extérieurs qu'ils peuvent gagner, si le talent et l'ambition n'en obtenaient pas une plus grande part, dépassant le minimum qui peut rémunérer la paresse et la stupidité, tous les hommes seraient en pratique également stupides et paresseux, et leurs différences naturelles seraient alors comme si elles n'étaient pas. Christophe Colomb en ce cas ne vaudrait pas plus que le vulgaire garçon d'une cabine; et si nous voulons en revenir à nos deux frères, nous aurions en eux deux tamiseurs, mais nous n'aurions pas un seul chimiste. Le monde en fait serait un cimetière vivant où les Milton seraient muets et sans gloire, où les Cromwel ne feraient rien pour leur pays.

Nous allons nous exprimer dans les termes d'une logique plus serrée. Voici un homme qui est né avec de grandes capacités; or, avant que ces capacités puissent de quelque manière affecter son œuvre, il faut qu'il ait pris la peine de les développer. Et ce n'est jamais une tâche facile d'y réussir; il est à même de les développer entièrement, en partie ou pas du tout. Les capacités naturelles d'un homme permettront donc de déterminer le degré où il peut monter, mais ne diront pas le point où il peut descendre. Elles posent simplement une limite au développement de son talent et ne le préservent nullement de tomber au-dessous de lui-même. Dans cette limite, ses capacités arrivent donc en pratique tout juste au degré où il lui a plu de les pousser. Or, à quoi tient le parti qu'il a pris à cet égard? Au désir qu'il avait de se procurer certains avantages extérieurs, et ce désir à son tour, s'il a assez de force pour faire agir cet homme, tient à un fait, à savoir que ce développement de ses facultés lui permet de conquérir ces avantages, plus ou moins complètement, suivant que ce développement a été plus ou moins complet. Ainsi donc, nos propositions s'enchaînent comme il suit : Les capacités des hommes sont inégales en pratique, simplement parce qu'ils développent inégalement leurs facultés déjà inégales par nature, et ils développent ces inégalités parce qu'ils désirent se placer en des conditions externes supérieures, et ce désir produit chez eux cet effet, parce que la nature de la société présente est telle qu'on peut y réaliser l'inégalité dans les conditions.

Ainsi, dans les motifs divers qui correspondent à des genres divers de travail, les trois éléments qui composent un motif sont variables. Quant aux deux premiers, c'est un fait, nous l'avons déjà dit, qui ne peut être révoqué en doute, nous le tenons pour accordé et nous nous dispensons de le prouver. Mais l'autre partie de proposition s'impose à notre attention, nous ne pouvons dès maintenant la présumer, elle est mise en doute et demande sa preuve. Comme nous savons d'ailleurs quelle en est la teneur, nous pouvons établir comme il suit la doctrine qu'il nous faudra prouver après. Ces inégalités personnelles, qu'on s'accorde à trouver comprises dans la diversité des motifs qui produisent les divers genres du travail, sont elles-mêmes les créatures de l'inégalité des conditions externes; au point de vue pratique, elles n'existeraient pas sans elles. Donc l'inégalité dans les conditions externes, ou l'inégalité sociale, ce qui est absolument la même chose, est la cause efficiente, sinon du travail dans sa forme la plus élémentaire, car on l'aurait dans tous les cas, au moins de tout ce qui en fait de travail dépasse ce minimum de production.

Si je pose ainsi cette proposition ce n'est pas

que j'estime le moins du monde qu'elle ait par elle-même de quoi s'imposer à notre assentiment. Elle n'est pas de celles qu'il suffit d'énoncer pour que le sens commun en saisisse tout de suite la vérité. On n'en découvre pas plus la raison dans les faits apparents qu'on ne saisit la cause du phénomène qui fait bouillir le lait à une température plus élevée que l'eau, ou fait entrer le bismuth en fusion à une moindre température que le plomb. Tout au contraire, s'il en fallait juger à première vue, on serait sans doute plutôt tenté de la trouver fausse que vraie; elle soulève effectivement quantité d'objections qui semblent la condamner au premier abord. Il faudra, pour en montrer la vérité, l'établir sur des faits concrets, la mettre en rapport avec eux et non pas avec nos propres idées. Cette comparaison, on l'a faite déjà plus d'une fois, mais à la hâte, par sauts et par bonds, sans méthode, sans même avoir songé à la possibilité d'une méthode. On n'en a jamais fait l'objet d'une étude spéciale et suivie, et l'on n'a jamais nettement distingué l'ordre des faits qu'elle doit embrasser. C'est, comme je l'ai déjà dit, la raison pour laquelle il y a sur ce sujet des opinions sans fin, mais aucune vraie connaissance, la raison encore pour laquelle on n'a, du côté des démocrates, qu'une science fausse, et pas de science du tout du côté des conservateurs. Ici, tout est donc à refaire au moyen de la vraie méthode qui doit diriger l'enquête ; et c'est à cette méthode que j'espère initier mes lecteurs.

CHAPITRE V.

LE CARACTÈRE HUMAIN EST L'OBJET DE CETTE SCIENCE.

Nous voici enfin sur le seuil de la science qui nous manque, et nous n'avons pas à chercher bien loin pour en découvrir l'objet et le but. Nous nous servirons pour établir notre thèse d'une proposition générale qui affirme une relation permanente entre deux choses, entre la nature de l'homme et l'inégalité sociale. Cette inégalité, quelle qu'en ait été l'origine première, question à laquelle nous toucherons à l'occasion, n'a pas seulement, dans son développement actuel, une action sur la nature humaine, mais elle est elle-même produite par cette nature humaine sur laquelle elle agit, comme le feu peut être entretenu par les mains qu'il réchauffe. Nous avons donc surtout ici une proposition qui s'applique à la nature humaine; donnant, comme nous le faisons, cette p oposition pour une vérité générale et permanente, susceptible d'être prouvée à l'aide d'une méthode rigoureuse et scientifique, il nous faut reconnaître que le caractère de l'homme peut être l'objet d'une science. C'est bien ce que nous entendons. A travers des variétés sans nombre, il nous offre toutefois certains phénomènes tellement uniformes qu'on peut les poser comme des lois, et en raisonner, encore comme on le ferait sur des principes solides et reconnus. Et voici précisément ce que j'entends dire : La science qui nous manque, c'est celle du caractère humain.

C'est une affirmation pourtant qui ne s'explique pas toute seule. Pour donner au lecteur l'intelligence vraie de ce que j'avance, nous allons chercher une définition plus détaillée et plus complète de cette science, et cela pour deux raisons. Si on la compare aux sciences dont l'existence est aujourd'hui reconnue, celle dont je parle se rapporte bien à plusieurs ; pourtant elle demeure essentiellement distincte de chacune. On dirait le point de mire d'une cible ; tout autour les balles ont laissé leur empreinte ;

une ou deux peut-être l'ont effleuré, mais pas une encore ne l'a frappé en plein. Pour une pareille science, deux choses distinctes sont à démontrer : premièrement, elle peut exister; secondement, elle n'existe pas. C'est donc une possibilité, et non pas une chimère, mais ce n'est pas encore une réalité.

S'il en est ainsi, ce qu'il y a de mieux à faire pour en approcher, c'est de s'adresser aux écrivains qui en sont allés le plus près ; à savoir : Mr. Buckle et Mr. Hubert Spencer. Prenons le premier d'abord.

Buckle s'est efforcé d'établir une science, celle de l'Histoire, comme on l'appelle, laquelle a pour but, il le dit lui-même, de découvrir *les principes qui gouvernent le caractère et la destinée des nations*. Qu'une telle science se conçoive au moins comme possible, rien de plus évident, prétendait-il, pour quiconque admet les propositions suivantes. *Quand on accomplit une action, c'est toujours en vertu d'un ou de plusieurs motifs; ces motifs sont le résultat de certains antécédents; si donc on avait connaissance de tout l'ensemble des antécédents, de toutes les lois de leurs mouvements, on pourrait avec une certitude infaillible prédire l'ensemble de leurs résultats immédiats.*

Pour peu qu'on ait cette persuasion, disait-il, on doit le comprendre, la possibilité de cette science se conçoit; et quiconque saura mettre en œuvre les matériaux qu'elle nous présente, verra encore qu'elle peut se traduire dans la pratique. Il passe longuement en revue les matériaux en question; ils sont nombreux et de bien des genres, mais il en est une classe sur laquelle il insiste spécialement, et qui toute seule, nous dit-il, donne aux autres leur signification; c'est la classe des matériaux que nous fournit la statistique, lesquels nous apportent, remarque-t-il, un nouveau genre d'évidence et nous mettent en possession d'un nouvel ordre de faits. Ils nous font voir, selon lui, une chose que nous avons rêvée peut-être, mais que nous n'aurions jamais cru pouvoir démontrer sans eux : la similitude de la conduite humaine en des conditions semblables; et nous en obtenons ainsi tout de suite une vérité générale d'où nous pouvons partir. Il invoque à l'appui de son dire de nombreux et curieux exemples, qui nous révèlent cette similitude, jusque dans les moindres détails. Ainsi, voit-on chaque année, avec une régularité étonnante, le même nombre de lettres jetées à la poste sans aucune adresse. Les mariages et les assassinats reviennent suivant la même loi, et l'on en peut dire autant de la proportion entre les naissances dans les deux sexes. Mais le fait qu'il donne comme le plus frappant de tous, et qui lui semble expliquer et prouver le mieux le point qu'il a en vue, c'est cette même régularité observée dans les cas de suicide. *Parmi les crimes publics et enregistrés*, écrit-il, *il n'en est pas, ce semble, qui dépende aussi complètement de l'individu que le suicide... On pourrait donc tout naturellement penser qu'il n'y a pas moyen de rapporter à des principes généraux, ni de soumettre à certaine régularité, un attentat aussi excentrique, aussi solitaire, aussi en dehors du contrôle de la législation, alors que toute la vigilance de la police est impuissante à le rendre moins fréquent... En raison des particularités de ce crime singulier, on a droit assurément de trouver le fait étonnant, cependant toutes les évidences qui le concernent aboutissent à cette grande conclusion, que le suicide est simplement le produit de la condition générale de la société. Dans tel état donné de la société, tel nombre donné de personnes devront mettre fin à leurs jours. C'est la loi générale; quant à la question spéciale de savoir qui doit commettre ce crime, elle dépend naturellement de lois spéciales; et celles-ci toutefois, dans leur action plus générale, doivent obéir à la loi sociale plus générale à laquelle toutes sont subordonnées.* Buckle applique dès lors cette affirmation non seulement aux crimes, mais à toutes les actions humaines. La même série d'évidence lui permet de déclarer, ce que nous pourrions prouver de toutes et de chacune, qu'elles entrent simplement pour *une part dans le vaste ensemble de l'ordre universel, et qu'elles sont déterminées, non par des tempéraments et des désirs individuels, mais par de grands faits généraux, sur lesquels les individus ne peuvent avoir aucune autorité.*

Telle fut sa grande induction première, et telle fut encore la méthode d'observation sur laquelle Buckle s'appliqua à fonder l'étude de la science de l'histoire. Or le principal point à remarquer, c'est la nature de cette méthode et le principe scientifique qu'il déclare expressément s'y trouver renfermé. D'après ce principe, nul fait, nul événement d'aucun genre, ne saurait se comprendre quand on se borne à étudier un seul des exemples de l'espèce où il s'est produit. *En tout ce que nous connaissons*, écrit-il, *nous sommes arrivés à la certitude par l'étude de phénomènes dont on avait éliminé toutes les perturbations occasionnelles. pour ne garder que le résidu frappant de la loi; ce qui ne se peut obtenir qu'à l'aide d'observations assez nombreuses pour qu'on n'ait pas à tenir compte de ces perturbations, ou autrement, par des expériences assez délicates pour isoler les sentiments individuels. Toute science inductive requiert nécessairement une de ces conditions. Mais il est évident*, continue-t-il, *que lorsqu'un homme fait une action, par exemple, quand il se marie, nous ne pouvons ni isoler* ses sentiments, ni faire à leur sujet le nombre d'observations requises. De là, dit-il encore, ne doit-on chercher la vraie cause d'un mariage ni dans le tempérament, ni dans les désirs du fiancé; ce ne sont pas des matières qu'on puisse traiter scientifiquement, mais il faut la chercher *dans des faits généraux* déterminés, et nous le pouvons.

Ainsi se dessine l'argumentation dans les premiers chapitres de Buckle; et non seulement elle abonde en raisonnements justes et ingénieux, mais on y trouve une exposition lumineuse de la seule vraie méthode à suivre dans la recherche que nous faisons. Il s'y rencontre toutefois une singulière lacune dans les matériaux auxquels, d'après lui, cette méthode doit être appliquée.

Revenons au passage où il parle du suicide. En apparence, dit-il, aucun des actes de l'homme *ne dépend plus complètement de l'individu* qui l'accomplit. Mais ce n'est là qu'une *apparence;* en réalité il dépend surtout de *la condition générale de la société.* Par conséquent, les faits en question, ceux que l'homme de science doit étudier, ne sont pas les faits biologiques des individus dont l'existence finit par un suicide; ce qui importe, c'est le nombre de ces hommes en des périodes égales et la relation de ce nombre avec les conditions générales en question. Il faut tenir compte néanmoins des considérations suivantes. Il peut être très vrai, et nous pouvons même dire qu'il est certainement vrai, qu'il n'y a pas entre l'acte particulier et les conditions sociales générales la relation étroite qui doit s'y trouver selon lui. Mais d'où cela vient-il? C'est que la relation existe en vertu d'un enchaînement d'événements ou de faits dont le dernier anneau est le caractère privé de l'individu. Buckle lui-même voit ici le véritable fondement de la science. *Quand nous accomplissons une action, nous le faisons en raison de quelque motif.* Et dans le cas spécial du suicide, il développe laborieusement son affirmation. Il remarque tout au long que l'accomplissement de cet acte suppose de la part de l'agent tout un procès intérieur très complexe, une balance soigneusement établie entre les motifs, et tout un combat où s'entrechoquent les pensées et les passions. Cela étant, il se prend à faire le raisonnement suivant : si le caractère de l'agent eût été différent, l'acte l'eût été pareillement. A tout le moins nous faut-il en effet un être humain doué du sentiment; aucune condition sociale ne causerait le suicide d'un Highlander de bois servant d'enseigne dans un débit de tabac. Ayons seulement un homme hardi, au lieu d'un individu timide, un être sanguin, au lieu d'un phlegmatique, et nous pourrons voir le résultat des mêmes conditions sociales se traduire, non par un suicide, mais par un nouvel essor donné à l'existence. L'action est donc si inséparable du caractère de l'agent, et Buckle serait lui-même le premier à le reconnaître, que l'un n'est à tout prendre que l'envers de l'autre. Quand donc on nous dit que l'action est réellement l'effet des conditions sociales générales, on ne prétend pas que ces conditions soient uniquement la cause de l'action, mais qu'elles proviennent encore du caractère dont l'action est la résultante, et quand on affirme que la régularité de l'action n'est que le reflet de la régularité des conditions, on veut dire qu'il y a une relation uniforme et constante entre les conditions et le développement du caractère. Mais pour que cette affirmation soit possible, il faut admettre une supposition qui s'offre naturellement à l'esprit, à savoir qu'il y a uniformité dans le développement du caractère humain lui-même, et que s'il varie d'une manière ou d'une autre, il doit varier conformément à une loi, tout comme les conditions qui ont causé cette variation.

Nous avons, par exemple, un attroupement considérable, où des exaltés, poussés comme un seul homme, marchent dans un même but; ils vont prendre la Bastille, dirons-nous, ou détruire le chemin de fer de Hyde Park. Or aucun de ceux qui font partie de ce rassemblement ne saurait sans doute expliquer complètement le rôle qu'il y joue et ne serait même en état de s'en rendre personnellement compte. Dans les deux cas, on doit se trouver en face d'événements et de circonstances dont un historien pourra suivre la trace, mais qui demeurent invisibles pour d'autres et restent inconnus; mais il y a deux points qu'il ne faut pas oublier. Un attroupement se rassemble et agit de la sorte, nous dit Buckle, sous l'empire de certaines causes éloignées, qui sont en dehors de la vie de ses membres et qui obéissent à certaines lois générales. Nous l'admettons volontiers. Mais, en premier lieu, la loi ne fût-elle pas aussi générale, les causes ne fussent-elles pas aussi éloignées, la loi existe et l'effet suit les causes en raison seulement de ce que chaque membre de ce rassemblement est un homme d'un certain caractère. Dans une troupe composée de vingt mille hommes, il y a vingt mille caractères, vingt mille groupes de motifs en action ; et la conduite de cette troupe en est la résultante exacte. Nous avons sans doute l'habitude de ne pas tenir compte de ce fait dans notre manière de parler. Nous parlons d'un rassemblement comme si nous y voyions réellement un seul et même animal. Nous disons qu'il était excité, qu'il s'apaisa, qu'il fit ceci ou cela. Mais nous ne parlons ainsi que pour la commodité du langage. Ce que nous voulons dire, c'est que vingt mille hommes étaient excités, au même moment et pour la même raison, qu'ils s'apaisèrent ensemble et pour le même motif, qu'ils firent de concert ceci ou cela. Et ici se présente le point capital qu'il faut retenir. Dans cette troupe, on n'eût pas trouvé deux hommes ayant exactement la même histoire, ou exactement le même caractère; dans chacun des vingt mille hommes de ce rassemblement, les caractères étaient différents. Toutefois, en dépit de toutes ces différences, dans l'occasion dont nous parlons, nous avons une complète unanimité dans l'action. A quoi donc est-elle due? A ce fait sans aucun doute, que nos vingt mille caractères, en dépit de leurs différences, ont cependant certains points communs; et c'est grâce à eux seulement que leur action commune est devenue possible. Allons plus loin encore. Dans ces milliers d'hommes, chacun est doué de son tempérament propre et distinct, de ses intérêts particuliers et séparés. Les passions qui le dirigent et en font un homme d'émeute sommeillent peut-être toutes dans sa vie privée, et si l'on prenait deux à deux chacun des membres de cet attroupement dans les circonstances ordinaires, on trouverait dans leurs caractères des contrastes plutôt que des ressemblances; il en peut être ainsi bien certainement; mais alors que dans un but commun ils se sont mis à agir ensemble, pour une heure ou deux, ces innombrables différences ont disparu, elles s'annulent en quelque sorte et ne laissent subsister que les points où l'on s'accorde; et virtuellement toute cette troupe ne forme plus qu'un seul organisme, dont la force ou la faiblesse sont un multiple des unités qui la composent.

Eh bien! nous trouvons ici toutes les conditions requises pour une observation scientifique. Le terrain est dans ce cas très limité, car un attroupement, quelque nombreux qu'on le suppose, ne représente qu'une partie bien minime de la race humaine. Néanmoins il nous offre un exemple parfait qui nous montre comment certains faits du caractère sont susceptibles d'une observation scientifique. Il nous présente l'action, non pas d'un caractère en particulier, mais du caractère commun à des milliers d'hommes en général, lequel seul rattache leurs actes à une cause sociale commune. Et de la sorte se trouvent remplies les conditions que Buckle réclame. *Toutes les perturbations fortuites sont éliminées et la loi reste comme un éclatant résidu;* ou tout au moins les faits sont tels qu'on peut en déduire une loi.

C'est là le point cependant, que Buckle a négligé de signaler. Tout occupé à exposer une fausseté, il a entièrement mis de côté la vérité qui eût dû la remplacer. Il prétend, comme nous l'avons vu, que lorsqu'il s'agit des détails biographiques, tels que les émotions dont un homme a conscience dans une occasion donnée, il n'est pas en notre pouvoir d'*isoler les phénomènes ou les perturbations fortuites*, et que nous ne pouvons en conséquence en tirer aucune loi générale scientifique. Ce qu'il y a de vrai sans doute, c'est qu'on ne peut avoir la science d'un seul caractère; mais si l'argumentation de Buckle prouve quelque chose qui ressorte de la position qu'il prend, c'est que lors même qu'on ne saurait avoir aucune science à propos d'un caractère en particulier, il peut exister une science du caractère humain en général.

De Mr. Buckle je vais passer maintenant à Mr. Herbert Spencer, dont les arguments nous amènent encore plus directement à la même conclusion, et qui pourtant se garde tout aussi bien de tirer lui-même cette conclusion. Dans le volume que j'ai déjà cité, l'*Étude de la Sociologie*, de même que Buckle a soutenu qu'il pouvait y avoir une science de l'histoire, Mr. Spencer soutient qu'il y a une science de la société, et, nous dit-il, son étude aura pour résultat de nous montrer *ce qui est désirable*, *réalisable*, *ou seulement utopique*, dans le domaine du progrès social. Les extraits qui suivent vont nous expliquer ce qu'il entend dire. *Les propriétés des unités*, écrit-il, *déterminent les propriétés du tout qu'elles forment*, *et cela s'applique évidemment aux sociétés comme à tout le reste... sans tenir compte pour le moment des traits spéciaux aux races et aux individus, nous pouvons observer les traits communs des espèces en général et voir comment leurs rapports en doivent être affectés quand elles sont associées. Elles ont toutes besoin de nourriture... l'effort est pour toutes un exercice physiologique... elles sont toutes sujettes à la douleur physique et à des souffrances continuelles, positives ou négatives*, et ainsi de suite. Il est donc évident, continue-t-il (nous employons ses propres expressions) *que de ces qualités individuelles doivent résulter certaines qualités dans un assemblage d'individus... et ces assemblages ont dans leurs caractères des différences proportionnées aux différences qui séparent les individus d'un groupe de ceux dont l'autre groupe se compose.* Or tout cela, dit Mr. Spencer, *n'est guère qu'une évidence;* aussi l'expose-t-il comme un point accepté dont nous pouvons partir. S'il en est ainsi, continue-t-il, *on ne saurait nier que dans toute communauté, certain groupe de phénomènes ne ressorte naturellement des phénomènes que les membres présentent; un groupe de propriétés dans l'agrégat est déterminé par un groupe de propriétés dans les unités, et de la sorte la relation des deux groupes forme le sujet d'une science* (1).

Il semblerait maintenant que nous allons de là en venir tout de suite à la science même dont j'ai parlé. On pourrait croire que Mr. Spencer s'est emparé du terrain. Et si nous considérons quelques-uns des exemples à l'aide desquels il établit la position qu'il a prise, on ne pourra guère douter qu'il en puisse être autrement. *Qu'un homme,* écrit-il, *en traversant une rue, voie venir sur lui une voiture, vous pouvez garantir sûrement que, quatre-vingt-dix-neuf fois sur cent, il se dérangera de la voie qu'il suit; s'il est pressé*

(1) L'*Étude de la Sociologie*, pp. 51-52.

d'arriver pour prendre un train et s'il sait que pour se rendre à la gare il n'a qu'un mille à faire par une route, tandis qu'il en a deux par une autre, vous pouvez conclure avec une très forte assurance qu'il prendra la première. Il nous fait observer encore que toute loi répressive suppose que *le désir d'éviter le châtiment agira sur le commun des hommes, de manière à produire un résultat moyen prévu d'avance.* Pareillement, continue-t-il, il faut tenir *que, sur la moyenne des hommes, le désir de gagner le plus possible en travaillant, le désir d'atteindre une condition plus élevée dans la vie, le désir de conquérir des louanges et le reste, produiront aussi une moyenne de résultats.* Et finalement il arrive à dire que *si l'on a cette persuasion, on doit être également convaincu qu'on peut avoir la prévision des phénomènes sociaux, et par conséquent une science sociale.*

On doit croire assurément qu'il n'y a rien à dire de plus clair. La science qu'on nous indique, non seulement nous découvre, comme celle de Buckle, la science du caractère, mais elle doit être plus ou moins cette science elle-même.

Les extraits que nous avons cités devraient nous conduire à cette conclusion. Et pourtant, si nous suivons encore Mr. Spencer, nous nous apercevrons bientôt qu'il la tiendrait pour absolument fausse. La science du caractère, il y touche bien sans doute, mais il y touche en sachant à peine ce qu'il fait. Il l'effleure, mais il ne la suit pas ; il la voit, mais il ne la reconnaît point. Sans être jamais à l'abri de son contact, il glisse toujours à côté, comme sur un plan incliné. Pas une seule fois il ne lui arrive de s'y attacher comme au centre réel de la question, et pratiquement il l'oublie tout comme l'a fait Buckle lui-même.

Voyons comment. Pour prouver la possibilité d'une science des déterminations humaines, il commence par citer certains cas où l'action est entièrement uniforme ; et l'on s'imagine tout de suite que les faits généraux, tirés des exemples qu'il nous donne, vont nous être présentés comme des fragments de cette science elle-même. Mais il a soin de nous désabuser très vite d'une pareille impression. Les lois de cette science, quand il se décide à nous les présenter réellement, se trouvent appuyées sur des faits d'un ordre tout différent. De ces faits il nous donne préalablement quelques spécimens qui nous montrent clairement ce qu'il entend dire. *Pour mieux définir*, écrit-il, *la conception d'une science sociale, prenons quelques-unes des vérités indiquées. Elles ont simplement pour but de nous donner une idée claire de la nature des vérités sociologiques. Prenons d'abord*, poursuit Mr. Spencer, *ce fait général, à savoir qu'avec toute agrégation sociale se développe toujours parallèlement certain genre d'organisation, la marche progressive d'un état gouvernemental, doué de force et de permanence, à l'aide duquel seul on peut obtenir une expansion notable de la société.* Voilà le premier spécimen. Passons au second. *A côté de l'évolution des sociétés et en ligne parallèle, se développe le progrès avec les forces variées qui le déterminent, et ce progrès en devenant permanent devient aussi plus complexe.* Voici maintenant le troisième. *Les hommes n'arrivent à se constituer en société qu'à la condition de tomber en des rapports d'inégalité vis-à-vis du pouvoir; ils n'arrivent à agir en commun et comme un tout, qu'en vertu d'une organisation qui leur impose l'obéissance.*

Tel est donc le genre des lois générales auxquelles la science sociale, comme la conçoit Mr. Spencer, doit nous conduire; elles nous montrent sur-le-champ que cette science, quelle qu'elle soit, n'est pas la science du caractère. Elles vont toutefois beaucoup plus loin. Elles *nous* montrent à nous, sans que Mr. Spencer s'en soit aperçu, que cette science même du caractère qu'il *ne reconnaît pas*, est debout comme un fantôme, à côté de la science qu'il *reconnaît*, nous laissant voir d'autant mieux à quel point elle en diffère, qu'elle en est plus près. Qu'on me permette d'exposer plus clairement ce que j'entends dire. Les lois générales que nous venons de prendre chez Mr. Spencer se rapportent toutes aux actions, non des unités, mais de la collectivité. Il n'y en a pas d'autres dans toute sa science sociale. C'est un ordre d'inductions relatif aux actions des hommes pris en masse, où l'on ne s'occupe de ces actions que dans les rapports qu'elles ont les unes avec les autres, ou si l'on veut dans les conditions de leur nature externe. Or, la première vérité de ce genre, sur laquelle insistè Mr. Spencer, affirme que l'action des hommes pris en masse dépend pour son uniformité des caractères des individus qui composent ces masses. Entre ces deux facteurs il nous dit qu'il y a une relation nécessaire et constante. Cette relation toutefois, il la traite d'une façon bien singulière. Il la traite comme un fait qu'il faut reconnaître, et non pas comme un fait qui demande à être expliqué. Ayant montré qu'il existe, ce qu'il fait avec autant de force que de clarté, il se trouve tout de suite en mesure d'en tirer ses conclusions, sans pousser plus loin l'examen. C'est ce qu'il nous dit très nettement dans le passage suivant : *Ayant ainsi reconnu ces relations entre les phénomènes de la nature humaine individuelle et les phénomènes de la nature humaine prise en corps, nous ne pouvons manquer de voir que ces derniers forment bien le sujet d'une science* (1).

Et voilà tout. Ce qu'il veut nous faire comprendre, ce n'est pas la nature des relations qui existent entre ces deux ordres de phénomènes,

(1) L'*Étude de la Sociologie*, p. 50.

c'en est simplement le résultat, lequel produit dans la collectivité la régularité. Là se borne toute sa pénétration scientifique. De la nature humaine prise en corps, il ne revient jamais à raisonner sur la nature humaine individuelle; il ne rattache pas les lois générales de l'une à celles de l'autre. Ainsi, après nous avoir dit que *les hommes s'élèvent à l'état d'agrégation sociale, à la condition seulement de tomber en des relations d'inégalité vis-à-vis du pouvoir*, il ajoute bien : *c'est là un trait capital, commun aux collectivités sociales, et qui dérive d'un trait commun aux unités;* mais il ne dit rien de plus. Comment ce trait commun en dérive-t-il? Que peut-il être dans les unités? Il n'a pas même songé à s'en occuper. Et pourtant, si ce trait de la collectivité est susceptible d'être établi scientifiquement, il doit avoir également une propriété semblable dans les unités. Car toute loi générale qu'on peut établir au sujet d'un groupe doit en avoir une correspondante au sujet d'un homme. C'est pourtant ce qu'oublie entièrement Mr. Spencer.

Voici un autre exemple qui va rendre la question plus claire encore. Un des principaux obstacles, nous dit-il, qui s'opposent à la conception de la science sociale, c'est la préexistence de ce qu'il appelle *la théorie du grand homme*, ou la théorie d'après laquelle *l'histoire de ce que l'homme accomplit dans le monde est au fond l'histoire des grands hommes qui y ont fait leur œuvre.* C'est là, nous dit-il, la théorie de notre enfance ignorante, à nous tous, mais dès l'instant que la science l'examine, *elle s'écroule complètement. Si c'est un fait*, écrit-il, *que le grand homme peut modifier la constitution et la vie de sa nation, c'est aussi un fait que le principe de ces modifications existait avant lui et constituait déjà le progrès national, avant que ce grand homme fût devenu tout ce qu'il a été. Avant qu'il ait pu refaire sa société, sa société a dû le faire. En sorte que tous ces changements dont il paraît être l'initiateur immédiat ont eu leur cause principale dans les générations dont il est descendu. Et si quelque chose peut réellement les expliquer, il faut le chercher dans l'ensemble des conditions sociales dont ils sont sortis aussi bien que lui.* Ici s'arrête dans les termes la maxime de Mr. Spencer. Mais virtuellement elle contient en plus ce principe :

C'est l'ensemble des conditions qu'il faut étudier et non pas les détails biographiques de la vie du grand homme. Ces derniers, il l'a déclaré précédemment, ne sont bons à rien qu'à piquer une curiosité, dont l'objet est *assez voisin de celle des bavardages d'un village* (1). Or nous avons ici la répétition exacte de l'erreur de Buckle. Parce que la biographie du grand homme ne peut nous donner l'explication complète des événements dont il a été l'initiateur immédiat, Mr. Spencer prétend qu'elle ne saurait même nous en fournir aucune partie essentielle. C'est uniquement dans l'ensemble des conditions

(1) L'*Étude de la Sociologie*, p. 35. Il est à propos de recommander au lecteur, à titre de curiosité philosophique, d'examiner dans le volume de M. Spencer le passage d'où cet extrait est tiré. Il verra, s'il le lit tout entier, que M. Spencer attaque à tort et à travers deux idées populaires tout à la fois. Il soutient qu'il est inutile d'étudier les biographies des grands hommes; premièrement, parce qu'on n'y trouve réellement pas la cause des grands événements qu'elles semblent avoir produits, et qu'elles ne sont que des marionnettes que font mouvoir d'autres causes cachées derrière elles; secondement, parce que les événements dont elles semblent être la cause ne sont en réalité pas grands après tout. Il est intéressant de noter les absurdités dans lesquelles il s'enveloppe pour établir cette dernière raison, et aussi la parfaite incompatibilité de celle-ci avec la première.

auxquelles il se rapporte qu'il faut la chercher. Voilà assurément une étrange façon de raisonner. Ces deux groupes de causes lui semblent s'exclure mutuellement ; il néglige entièrement de voir qu'ils se complètent en réalité. Il nous demande, par exemple, de considérer la question par rapport à César. *César*, écrit-il, *n'eût jamais fait ses conquêtes, s'il n'avait eu des troupes disciplinées, ayant reçu en héritage, des Romains venus avant lui, leur prestige, leur tactique et leur organisation.* Mais il ne parle pas d'un fait également clair, à savoir que ces troupes n'auraient jamais fait de conquêtes, si elles n'avaient pas eu un César pour les commander. Quelles qu'aient été dans la collectivité les conditions qui ont amené les conquêtes de César, cet ensemble de conditions n'aurait rien pu faire autrement que par César. C'est vrai, nous dira Mr. Spencer, mais c'est un fait sans importance, car ce furent ces conditions mêmes qui produisirent César.

Maintenant laissons en repos Mr. Spencer, et réfléchissons à ce qu'il entend par là. Les conditions dont il s'agit, veut-il dire, sont distinctes de la personne de César. Avant de naître, César était en elles, elles le portaient même en quelque sorte dans leur sein. Il a été formé et façonné par elles sans en avoir conscience. Mais sitôt qu'il a vu la lumière, il est devenu pourtant un être distinct de ces conditions. En quoi donc leur agrégat a-t-il pu faire quelque chose pour lui? Elles l'ont simplement envoyé dans le monde à l'état d'enfant, avec des capacités immenses sans doute, mais avec des capacités non développées et qui, sous l'influence de certaines circonstances, auraient pu ne se développer jamais. Qu'est-ce donc qui les a développées au point de faire de lui le César de l'histoire? L'ensemble des conditions qui l'entouraient, dira encore Mr. Spencer. Mais Mr. Spencer ne voit pas que nous avons maintenant deux facteurs dans notre cas, l'un qui est l'agrégat des conditions, l'autre, le César qui a conscience de lui-même, et que ces deux facteurs ont dû agir, comme ils l'ont fait sur César, en vertu seulement de ces motifs d'action dont sa vie personnelle est l'expression. Et ne voit-il pas que, si les événements dont il fut l'initiateur immédiat sont ainsi le résultat de forces tout simplement transmises par César, César a pu seulement transmettre ces forces parce que les motifs dont nous parlons ont été développés et ont agi en vertu de certaines lois? Finalement, Mr. Spencer ne voit-il pas que, si nous ne pouvons découvrir ces lois en étudiant seulement le caractère de César, elles n'en existent pas moins pour cela, et qu'en étudiant d'autres caractères qui ont eu des rôles analogues à celui de César, on peut au moins les concevoir comme certaines et comme susceptibles d'être scientifiquement établies? Sûrement on aurait pu croire qu'en prenant pour guides les propres arguments de Mr. Spencer, cette conclusion s'imposerait clairement, même aux capacités les plus bornées? Mais que dit Mr. Spencer? Il dit que nous ne saurions découvrir de lois de ce genre, *dussions-nous nous perdre les yeux, et pâlir sur les biographies des plus grands souverains de l'histoire, depuis Frédéric l'Avare jusqu'à Napoléon le Traître.*

Prenons-le pour un moment sur les propres exemples qu'il nous cite. Il est vrai que n'étant pas versé dans le langage de l'histoire philosophique, je ne sais pas au juste quel était Frédéric l'Avare, ni même Napoléon le Traître. Nous supposerons toutefois que celui-ci fut le dernier empereur des Français. Maintenant, que Mr. Spencer compare ce dernier empereur français à César et qu'il tienne compte simplement en ces deux vies du rôle joué par l'ambition ; il verra comment il s'est développé et quelle sorte d'actions il a causées. Ces deux vies elles-mêmes lui insinueront, si elles ne lui prouvent pas, que l'ambition se produit sous l'empire de certaines conditions uniformes et qu'elle affecte l'action d'une certaine façon également uniforme ; ensuite, si de ces deux vies il étend ses observations à celles qui se trouvent racontées dans les biographies dont il se moque, il verra l'insinuation précédente se changer en certitude scientifique. En fait, il se trouvera ramené à une vérité sur laquelle il a déjà insisté lui-même, à savoir *que le désir de monter dans la vie à un rang supérieur produit un effet moyen sur la moyenne des hommes*. Seulement cette vérité aura revêtu alors une forme précise à ses yeux. Il saura comment ce désir est causé et quels en sont les effets, et au lieu de se borner à voir qu'il y a évidemment dans ces hommes une certaine uniformité, il sera en état de reconnaître en quoi elle consiste. En d'autres termes, il sera mis en demeure de modifier son assertion première, qui ressemble elle-même un peu à un bavardage de village, et de formuler une affirmation exacte qui sera digne d'un philosophe scientifique. Qu'il le fasse et une lumière nouvelle viendra l'éclairer. Il verra que les détails biographiques, si frivoles en apparence, dépendent pour leur valeur de la façon dont on les envisage, et qu'il les a jusqu'à présent jugés dignes d'un bavardage de village, uniquement parce qu'il les a regardés au point de vue d'un commérage villageois.

Tout cela néanmoins lui a complètement échappé. Il a étudié les phénomènes sociaux en n'y voyant que les complications d'un mouvement d'horlogerie. Ayant observé la première roue, puis la dernière, il a remarqué que les mouvements de ces deux roues sont liés ensemble, mais il a perdu de vue tout le mécanisme qui fonctionne entre l'une et l'autre, et à l'action régulière duquel, comme il le reconnaît, se rapporte pourtant toute cette connexion qu'il étudie; c'est-à-dire qu'il a laissé de côté la science du caractère. Le simple fait que Mr. Spencer n'en tient aucun compte n'est pas cependant le point que j'ai ici en vue. Ce que je tiens à rendre évident, c'est qu'il a beau le négliger, son système tout entier malgré cela est une longue preuve de sa possibilité, et ce qui en détermine la place, ce sont les contours de la brèche ouverte par son absence. Si quelque chose ressemble à une science sociale, ou encore à une science de l'histoire, il est une chose également qui a trait à la science de la biographie, ou si l'on veut, à la science du caractère de l'individu humain. Buckle le laisse voir, Mr. Spencer également, et bien que tous les deux l'aient laissé voir sans intention d'ailleurs, au point de vue immédiat et pratique, c'est ce qu'ils nous apprennent de plus précieux.

Je vais maintenant, à l'exemple de Mr. Spencer, mettre cette science en évidence en donnant quelques spécimens empruntés à des faits généraux. Pour le choix du premier, c'est Mr. Spencer lui-même que nous prendrons pour guide. *Qu'un homme en traversant une rue*, nous dit-il, *voie venir sur lui une voiture, vous pouvez garantir sûrement que, quatre-vingt-dix-neuf fois sur cent, il se dérangera de sa voie.* Eh bien ! nous avons là tout de suite un point général acquis, lequel s'applique à quantité de détails biographiques ou qui en dérive. Tel qu'il est, nous ne le reconnaissons pas cependant pour une loi générale de la science du caractère ; ce n'est qu'un pas fait de ce côté, ou simplement une déduction de cette loi ; pris en lui-même, il n'a aucune signification. La loi générale dont il dépend réellement est quelque chose de bien différent. La voici : tout homme désire si puissamment préserver sa vie que lorsqu'il la voit menacée par les circonstances, il agit toujours de façon à la sauver. Il y a là une vérité naturelle qui appartient à la science du caractère humain. Elle est très simple et, en raison de sa simplicité, elle n'en vaut que mieux. Considérons-en soigneusement la nature. Tout d'abord ce n'est pas l'action de la collectivité qui en fait l'objet, elle a pour objet l'action d'une seule unité. Elle peut à l'instant se rattacher à une vérité qui lui correspond dans la collectivité ; mais elle ne fait qu'expliquer cette connexion, elle n'en est pas par elle-même l'affirmation. Elle n'est rien de plus par elle même qu'une affirmation concernant l'unité. Considérons ensuite son degré de certitude et de généralité. Dans la forme où nous l'avons donnée, elle se présente comme devant s'appliquer à tout individu. Tout homme, a-t-il été dit, désire conserver sa vie. Ceci toutefois ne saurait être vrai qu'en gros. Quelques hommes se suicident, d'autres cherchent la mort dans une bataille; il en est qui peuvent mourir pour leurs amis; et quand il s'agit d'un individu quelconque, nous ne saurions avoir la certitude qu'il ne fera pas quelque jour l'une de ces trois choses. Notre proposition, dans sa teneur, n'est donc pas universellement vraie, et lorsque nous en faisons l'application, nous nous apercevons tout de suite qu'elle n'exprime pas une certitude, mais seulement une forte probabilité. Si nous voulons la rendre certaine, il nous faut la présenter sous une forme différente. Nous ne devons pas dire que, partout où la vie d'un homme se trouve menacée, le désir de vivre le fait toujours agir de façon à la sauver, mais il nous faut dire que, toutes les fois qu'un homme agit pour la sauver, c'est toujours le désir de vivre qui est la cause de son action.

Je demande maintenant au lecteur de bien tenir compte de ce point, car il n'est pas particulier à la vérité que nous touchons en ce moment; il est essentiellement caractéristique de toutes les vérités de la science. Ces vérités sont toutes des propositions comme celle-ci, en ce qui touche à l'action qui se rapporte à un motif dans l'individu; et comme celle-ci encore, elles peuvent toutes revêtir deux formes : commencer par le motif et de là procéder à l'action, ou bien commencer par l'action et remonter au motif. Ceci, toutefois, n'est pas en soi le point important. Ce qui importe c'est que, dans le premier cas, nous avons simplement des affirmations de probabilités, quelquefois fortes, souvent extrêmement faibles, et que dans le second nous avons l'affirmation de certitudes virtuelles. Autrement dit, l'étude de la science du caractère ne nous mettra pas en état de dire, si ce n'est d'une manière probable, que tel homme agit en vertu de tel motif, ni, en supposant qu'il en ait un actuellement, qu'il doive s'y tenir dans l'avenir. Elle ne saurait le garantir pas même pour ce qui regarde le motif personnel de la conservation de la vie. Elle ne peut donc nous faire connaître, autrement que d'une façon probable, comment tel homme agira par le fait dans l'avenir. Mais si, d'autre part, telle action spéciale nous est donnée, elle pourra nous assurer avec certitude qu'elle a été produite par tel motif spécial; et réciproquement, que si ce motif spécial vient à manquer, l'action spéciale manquera aussi de se produire. Cette assertion nous pouvons la maintenir partout dans la science du caractère.

L'importance de ce fait nous apparaîtra bientôt. Passons auparavant à un autre exemple. Je le prends dans un endroit qui semblera peut-être assez étrange, dans les ouvrages d'un romancier bien connu. *L'émotion*, dit Georges Elliot, *est obstinément déraisonnable; elle refuse absolument de prendre en considération dans la souffrance humaine le point de vue de la répartition quantitative, et d'admettre que treize exis-*

tences heureuses forment, en présence de douze vies misérables, une compensation qui fait évidemment pencher la balance du côté satisfaisant. Dans le grand nombre de lecteurs qui ont reconnu la vérité de ces paroles, pas un peut-être n'a songé à y voir une loi générale rigoureusement scientifique. Il en est ainsi pourtant; pour peu qu'on les trouve vraies, la vérité qu'elles expriment appartient à la science du caractère, non moins que la formule du chimiste, à la science de la chimie; elle serait parfaitement à sa place dans un manuel d'éducation scientifique. Que le lecteur y réfléchisse et voie si j'ai raison. Georges Elliot affirme un fait qui a trait à l'émotion humaine. C'est évident, mais à l'émotion humaine de qui? A l'émotion de Jean, de Jacques ou de Marie, de quelques personnes en particulier, ou d'un groupe spécial de personnes? Non; mais à l'émotion des hommes en général. C'est bien à quoi se rapporte son assertion, sinon elle n'a rapport à rien du tout. C'est donc une loi générale scientifique.

Prenons un autre exemple, nous le trouvons dans La Bruyère. *L'amour peut conduire à l'am-*

bition, mais l'ambition ne revient jamais à l'amour. Cette maxime peut être vraie ou fausse, mais si elle est vraie, en d'autres termes si ce n'est pas un non sens, c'est encore une loi générale scientifique, et elle appartient également à la même science du caractère. En voici une autre empruntée à Shakespeare :

> Des bagatelles légères comme un souffle
> Deviennent des preuves solides aux yeux du jaloux (1).

Ici encore s'applique le même raisonnement critique. C'est toujours une vérité scientifique générale, sinon ce n'est rien du tout (2). Maintenant, à propos de ces assertions, il y a un point à considérer. Toutes les trois, avons-nous dit, établissent des vérités générales; mais générales en quoi? Chacune a pour objet l'affec-

(1) Il est bon d'observer peut-être que cette loi de la jalousie se peut rapporter en partie à quelque autre loi plus générale, relative à l'influence qu'exercent sur la croyance la crainte ou le désir.

(2) Le lecteur peut comparer à ces remarques les paroles de Buckle. Les investigateurs les plus exacts de l'esprit humain ont été les poètes jusqu'à présent, en particulier Homère et Shakespeare.

tion sous une forme ou sous une autre, et dans chacune d'elle sans doute, on comprend que l'affection est un sentiment commun. Chacune établit donc par induction que si l'on prend un homme au hasard, il sera probablement susceptible de ce genre d'affection. Mais dans le cas au moins de l'amour qui conduit à l'ambition, la probabilité est très faible en son genre ; dans les deux autres cas elle n'arrive même pas à la certitude. Georges Elliot ne prétend pas que tout le monde ressente l'émotion, La Bruyère ne dit pas que tout homme devient amoureux, Shakespeare n'entend pas dire que tous sont jaloux. Comme assertion générale, ce qu'ils veulent dire, c'est qu'étant donnés l'amour, l'émotion et la jalousie, l'émotion, l'amour et la jalousie agiront suivant certaines voies uniformes.

Et maintenant je vais citer un dernier exemple. Il ne saurait déjà plus nous sembler étrange. Tout travail productif qui dépasse la satisfaction nécessaire des besoins élémentaires est toujours motivé par le désir de l'inégalité sociale (1).

(1) *The desire for social inequality.* — Le désir de l'inégalité sociale : cette expression n'a peut-être pas en français un sens

C'est à cette proposition que j'ai voulu lentement ramener le lecteur, et je n'en ai employé d'autres que pour mettre celle-ci en lumière.

Jusqu'à présent je n'ai point essayé de prouver la vérité de cette proposition. Elle nous fait face sans avoir encore aucun soutien. Mon seul but a été, avant d'en démontrer la vérité, d'expliquer le genre de vérité auquel elle appartient. Premièrement, c'est une vérité de science inductive, et comme telle, elle repose, non pas sur des opinions particulières, mais sur des principes permanents. Secondement, si cette connaissance qui s'applique au présent n'y puise pas une évidence telle que nous soyons en état de prédire les actions futures d'un homme, elle nous permettra, cependant, étant donnée telle action qui doit se réaliser, d'établir avec certitude qu'il faudra une

aussi clair que dans le texte anglais. Chaque fois que nous la rencontrerons, il nous faudra l'entendre dans le sens du désir de parvenir, c'est-à-dire d'arriver à l'inégalité de fortune ou de réputation, en s'élevant au-dessus des autres. Nous la conserverons toutefois, parce qu'elle entre évidemment, sous la forme qu'elle revêt, dans la pensée de l'auteur, qui la met en opposition avec le titre même de son ouvrage : *Social Equality*.

(Note du traducteur.)

cause d'un certain genre pour la produire. Cette action donnée nous permettra de remonter par le raisonnement à son motif, et, dans le cas de l'absence du motif, de nier la possibilité de l'action. En d'autres termes, cette connaissance ne nous apportera pas la certitude que dans cent ans d'ici, il y aura toujours dans le monde quelque travail supérieur; mais elle nous rendra certains que, s'il en existe encore, le désir de l'inégalité sociale aura été le motif qui l'aura produit, et que les inégalités sociales devront exister pour que ce désir se traduise en action.

CHAPITRE VI.

LE CARACTÈRE HUMAIN ET LE DÉSIR DE L'INÉGALITÉ.

Ayant ainsi montré ce que je me propose de prouver, nous allons nous appliquer à présent à en donner la preuve. D'abord il me faut dire clairement au lecteur en quoi consiste cette preuve qu'il s'agit de chercher. Ce n'est pas une proposition qui se peut démontrer comme une proposition d'Euclide. On ne saurait la ramener expressément aux termes concis d'un syllogisme déduit de principes précédemment établis. Impossible de la prouver en *barbara*, *celarent* ou *bocardo*. Cette proposition est une induction, une conclusion générale, tirée d'une quantité considérable de faits ; pour la prouver il faut se reporter à ces faits et mettre ainsi le lecteur en état d'en constater la force probante et la réalité. Or on a différentes manières de se reporter aux faits, suivant que les sciences inductives sont de genres différents. Il s'agit en certains cas de faits nouveaux pour le public; ils ont été pour la première fois signalés par un savant et l'on a tout d'abord à les accepter sur la seule autorité de sa parole. Tels sont, par exemple, plusieurs de ceux que Mr. Darwin a mis en avant. Mais en d'autres cas, les faits nous sont déjà bien connus, au moins d'une façon vague et générale, et la preuve alors a principalement pour tâche de rappeler au lecteur ce qu'il sait déjà, de l'amener à considérer soigneusement ces données acquises et à les classer, en sorte que, sans ajouter beaucoup au capital de ses connaissances, on l'oblige à les mettre en forme. C'est d'une preuve de ce genre que nous avons à nous occuper ici.

J'ai maintenant, dès le premier pas, à prévenir certaines objections qui ne manqueraient pas d'embrouiller l'esprit du lecteur et l'empêcheraient d'envisager avec calme la question. On prétendra assurément que la proposition susdite attribue la civilisation tout entière aux instincts les moins nobles de l'humanité, et que c'est là une affectation de cynisme trop grossière pour qu'on ait à la discuter. Est-ce donc le désir de l'inégalité qui donne au peintre le sentiment de la couleur? Est-ce, pour le chimiste ou pour l'astronome, la raison de l'application et de l'intérêt qu'ils mettent à leurs recherches? N'avons-nous pas des goûts plus élevés et des aspirations plus nobles? Le plaisir qu'on trouve à exercer ses talents n'est-il pas en soi un motif qui les excite? Sommes-nous donc étrangers à tous les sentiments généreux? Et dans la civilisation, la philanthropie n'a-t-elle pas eu son rôle? Tout cela et plus encore, nous le dirons, et dans le même sens, et le lecteur sera libre d'y ajouter tout ce que lui suggéreront sa sensibilité ou son imagination.

Car il y a là une grande vérité qui peut s'exprimer sous des formes bien diverses; une des plus significatives se traduit dans ce vieux dicton tant de fois répété : *L'homme ne vit pas seulement de pain.* Qu'un misanthrope ose dire le contraire, on le taxera de folie non moins que de cynisme. Et, toutefois, cette vérité n'a rien à faire ici et ne constitue pas une objection contre la proposition que nous avons maintenant à examiner. Elle est au contraire très compatible avec elle; nous ne tarderons pas à nous en apercevoir, dès que nous aurons pris la peine d'étudier le sujet avec soin.

Prenons tout d'abord un point en considération. Notre proposition est étroitement limitée dans son objet. Elle ne dit pas que toute activité humaine n'a d'autre motif que le désir de l'inégalité; elle ne s'applique qu'au travail productif, encore en exclut-elle celui qui est le plus élémentaire. Des autres formes de l'activité, elle ne dit absolument rien et ne prétend pas, par exemple, que l'homme mange parce qu'il a le désir de l'inégalité, qu'il se recrée par le même motif, chose d'ailleurs si évidente qu'on n'a pas même à la signaler et qu'elle ne répond pas à la pensée de l'objection. Les actions qu'elle a en vue ne sont pas celles qui affectent exclusivement l'individu qui les accomplit, mais bien la société prise en général, celles qui contribuent à élever ou à abaisser le niveau de la civilisation ; encore en est-il plusieurs de celles-ci, on doit le reconnaître hautement, qui procèdent d'un motif autre que le désir de l'inégalité. On fait toutefois une double méprise à leur égard. On se méprend sur la nature de leur importance et sur leur nombre qu'on exagère. On le croit à peu près illimité. Qu'on me permette donc de rectifier l'erreur sur ce premier point d'abord.

De toutes les actions qui affectent la société en général, j'en vois seulement quatre sortes qui ne procèdent pas du désir de l'inégalité. Ce sont les créations artistiques, les découvertes scientifiques, les œuvres corporelles de charité et la propagande religieuse (1). Cette énumération est complète. De ces quatre sortes d'action, la dernière évidemment n'a rien à faire avec le travail productif. A notre point de vue actuel, nous pouvons donc sur-le-champ la mettre de côté. Quant aux œuvres corporelles de charité, elles ont pour but la distribution des produits du travail et non pas cette production elle-

(1) On pourrait faire entrer dans cette liste l'activité de l'homme d'État ou du politicien ; mais jusqu'à présent, cette activité a toujours été si évidemment associée au désir de l'inégalité de rang, qu'il ne semble pas juste de l'ajouter aux autres. S'il y a des cas auxquels cette remarque ne s'applique pas, on pourra toujours les classer parmi les actions qui sont motivées par l'instinct de la philanthropie.

même; c'est-à-dire qu'elles se proposent de diminuer la misère et non d'accroître la richesse, et à notre point de vue encore, nous pouvons également n'en pas tenir compte. Les deux premières classes sont les seules dont nous ayons à nous occuper; elles comprennent les créations artistiques et les découvertes scientifiques. Entre elles et le travail productif, il y a sans doute une connexion réelle. Il s'agit de savoir de quel genre elle est.

Commençons par les créations artistiques. Une peinture, une statue et, pouvons-nous ajouter, une œuvre littéraire, sont en elles-mêmes des instruments de richesse, et ces instruments de richesse peuvent se produire en dehors du désir de l'inégalité. Chacune de ces œuvres peut être exécutée pour le simple plaisir qu'on trouve à la faire, et quand elles se produisent de la sorte, je l'admets entièrement, il faut y voir une exception franche à la proposition que je cherche à établir.

C'est toutefois la seule et elle n'a pas du tout l'importance qu'on pourrait supposer. En premier lieu, les œuvres d'art n'entrent en tous cas que pour une part bien minime dans les résultats du travail productif; en second lieu, si le mobile artistique est parfois le seul motif de leur production, s'il faut reconnaître même qu'il doit toujours y entrer, il est de fait pourtant qu'il n'arrive pas généralement à exclure les autres. Presque toujours se développe à côté de ce mobile artistique le désir de l'inégalité, sinon au point de vue de la fortune, du moins au point de vue de la renommée, et très souvent sous ce double aspect à la fois. Il n'est pas douteux que les plus beaux chefs-d'œuvre du monde aient été exécutés sous l'influence de ce *stimulus*. Les poètes dramatiques, chez les Grecs, ont écrit pour conquérir les applaudissements et les louanges du public; Shakespeare, pour gagner sa vie, Walter Scott, pour bâtir Abbotsford; Rubens et Turner ont brossé leurs toiles tout à la fois pour arriver à la gloire et pour faire fortune. Si donc nous prenons les créations artistiques dans leur ensemble, nous y trouvons bien en théorie une exception franche à ma proposition, mais il nous faut aussi y voir moralement la confirmation de ce que j'avance.

Nous ne saurions tenir le même langage à propos des découvertes scientifiques. Ici, le motif est généralement d'un ordre plus élevé. Assurément, entre toutes les classes du travail, exception faite en faveur de l'œuvre du missionnaire, qui touche à celle-ci et qui paraît être la plus désintéressée,

> L'observateur, qui cherche dans les cieux
> La nouvelle planète qui doit passer à portée de son regard,

reçoit sur l'heure, il est permis de le supposer, une récompense suffisante de ses peines, dans le fait même de sa découverte ; et la plupart des sciences nous fourniraient des exemples de ce genre. Il est un fait d'ailleurs qui jette plus de lumière encore sur la question. C'est qu'en règle générale, les hommes de science ne cherchent point à faire et ne font pas fortune en réalité. La mode ne les couronne pas de ses fleurs ni la grandeur de ses fruits. Ils ne brillent ni ne tiennent à briller dans l'arène de la vie sociale, et même, aux yeux de bien des gens, l'expression de *savant* équivaut à peu près à celle de reclus. « La vie simple, la pensée haute » : c'est généralement leur devise, encore plus vraie dans la réalité que dans les termes. La carrière et la position qu'ils se font nous en donnent le plus souvent la preuve concluante : le motif qui inspire leur activité spéciale, c'est l'amour de la vérité pour elle-même, et non pas le désir de l'inégalité.

Nous en convenons parfaitement, mais qu'en résulte-t-il par rapport à la thèse qui a trait au travail productif? Il arrive très souvent, comme on sait, que les progrès extraordinaires de ce travail soient dus à des découvertes purement scientifiques. Qu'on donne à ce fait toute sa valeur et toute sa portée, mais qu'on nous permette après cela de faire une observation. La découverte purement scientifique ne se confond point avec le travail productif. Elle n'a par elle-même rien de commun avec lui, et ne se place même pas sur le terrain où l'on voit fonctionner ce travail. Les vérités auxquelles on arrive avec elle, poursuivies par ces purs amants de la vérité, sont pareilles aux influences pénétrantes qu'on dit être confinées en de lointaines planètes; quand elles passent dans le domaine de l'industrie, quand elles modifient les procédés de la fabrication, elles ont subi une transformation si complète qu'on pourrait dire qu'il ne reste plus rien d'elles. Avant d'en faire entrer l'application dans la pratique, il a fallu qu'une classe d'hommes nouvelle s'en emparât, et ceux-ci ne les estiment pas pour elles-mêmes, mais uniquement pour l'usage qu'ils en pourront faire. Avant donc qu'il y ait eu connexion entre les vérités de la science et le travail productif, il a fallu les faire sortir des mains de ceux qui ont été les premiers à les découvrir, pour les remettre à des hommes qui peuvent avoir des motifs quelconques de s'en emparer, mais qui en ont au moins un tout différent du mobile scientifique. Exprimons le fait sous une forme plus concise. Quand un savant se met, pour l'amour de la science, à la recherche d'une vérité scientifique, il ne la poursuit pas dans le but de l'appliquer à l'industrie, et ce qui le prouve, c'est qu'il reste lui-même en dehors des opérations du travail productif.

Nous pouvons donc ici concéder même les points extrêmes visés par l'objection, accorder encore que les découvertes scientifiques sont un des principaux agents du progrès, et ne sont pourtant pas motivées par le désir de l'inégalité ; cette concession n'aura rien prouvé contre la proposition qui s'applique au travail productif. Il nous suffira même de faire une ou deux autres réflexions pour voir que c'en est moralement la confirmation, et qu'on peut en dire autant de la question artistique.

Je m'explique. Malgré la modestie qui caractérise la vie de celui qui se livre à l'étude de la science, malgré l'éloignement où il se tient de l'ambition, de la fortune et du rang, ou pour mieux dire peut-être, en raison même de cet éloignement, nous pouvons chez lui découvrir clairement, comme une ligne distinctement tracée sur une feuille blanche, une tendance proportionnée à la faculté exceptionnelle dont il a conscience, et qui le porte, non seulement à user de cette faculté, mais encore à réclamer pour lui-même une place en rapport avec son talent. En premier lieu, on n'en saurait guère douter, celui qui fait des recherches scientifiques, quand il est sur la piste de quelque grande vérité, non seulement en attend avec impatience la découverte, mais se préoccupe vivement d'en être lui-même l'inventeur, à l'exclusion des autres. Il serait à peine nécessaire toutefois de mentionner ce souci, si l'on ne devait y voir que le sentiment d'une préoccupation intérieure à poursuivre le perfectionnement de son œuvre. Mais une observation très simple suffit à nous montrer qu'il y a autre chose encore. Qu'un homme de science ait fait une grande découverte, que cette découverte soit réclamée par un inférieur, par un rival qui la trouve après lui, et l'indignation qu'en éprouvera notre savant nous apportera de curieuses révélations. Il se sentira, et à bon droit, frustré d'un honneur qui devait lui revenir; il n'y avait sans doute pas songé avant d'en avoir été privé, mais nous voyons bien le prix qu'il y attachait au chagrin que lui fait éprouver ce dommage. Sous un aspect légèrement différent, nous pourrons voir la même chose se reproduire dans l'attachement des hommes de science à leurs propres opinions, dans la vivacité et dans l'aigreur qu'ils mettent à les défendre contre les attaques dont elles sont l'objet, et plus encore dans les félicitations qu'ils attendent de chacun, quand il leur arrive de reconnaître, franchement et de bonne grâce, une erreur. Un homme qui, dans la recherche de quelque vérité particulière, n'aurait d'autre motif que le désir de voir cette vérité découverte, se soucierait aussi peu qu'on lui en attribuât l'honneur à lui-même, que s'il s'agissait du *hansom* qui doit l'emmener chez lui à la fin d'une réunion; il l'a attendu impatiemment, mais que ce soit lui ou le domestique de la maison qui l'ait aperçu le premier, il n'en a cure. De même encore aurait-il aussi peu de difficulté à reconnaître une erreur et à en sortir, qu'à sortir d'un logis où il serait entré par mégarde, le prenant pour un autre.

Il faut donc en convenir, à l'instinct scientifique lui-même, ne peut guère manquer de se mêler un désir d'inégalité d'un genre quelconque. Nous ne nous en tiendrons pas là. Le même phénomène, avec des modifications différentes toutefois, se retrouverait encore jusque dans le mobile de la religion et dans celui de la philanthropie. Maintes fois sans doute, en des cas plus fréquents qu'on ne saurait le dire, la religion et la philanthropie concourent seules à l'accomplissement de leur œuvre; elles nous donnent, quand elles excluent ainsi tous les autres motifs, des vies de continuel labeur et de vrai sacrifice. Mais telle est la constitution de la nature humaine, que même ici, le désir de l'inégalité n'est pas bien loin. Les ouvriers les plus dévoués à la cause de la religion y ont manifestement cédé plus d'une fois, et tous ont été susceptibles d'en subir l'influence. Une fois que la religion a mis le pouvoir aux mains d'un homme, le mérite qu'on lui reconnaît n'est pas mince, quand on peut dire de lui qu'il ne s'est pas servi de son influence pour monter plus haut. Quant à la philanthropie, chacun de nous peut en rendre témoignage, il est assez à propos qu'on nous rappelle quelquefois qu'il ne faut pas faire le bien dans le but de conquérir l'admiration des autres.

Je n'ai rien avancé, je crois, dans les observations que je viens de faire, que puisse contredire un observateur de quelque bonne foi ; elles ont dû d'ailleurs, jusqu'à certain point du moins, écarter les objections que je combats. Mais je le conçois, il s'en faut pourtant qu'elles aient pleinement rempli leur tâche ; dans l'esprit de ceux qui croient à la bonté humaine, quelque doute doit subsister encore. On va me dire qu'au lieu de restreindre la proposition brutale d'où je suis parti, je n'ai fait au contraire que lui donner plus d'extension. Il ne me suffisait pas d'attribuer tout travail productif à un motif aussi bas que celui de la cupidité la plus vulgaire, je n'ai pas voulu laisser une seule des formes de l'action utile, à l'abri de cette flétrissure ou de quelque tache semblable du moins. En un mot, j'ai passé condamnation sur la nature humaine tout entière, ce qui, en dépit de toutes mes explications, est une injure au sens commun.

C'est une impression qu'il me reste maintenant à écarter, et je crois que je le ferai sans peine. Que le lecteur réfléchisse encore à ce qu'on vient de dire, qu'il passe en revue les assertions qui répugnent le plus à ses sentiments et voie à quoi elles se réduisent en réalité. Il n'est pas une seule forme d'action, autre que celle du travail productif, qu'on ait donnée comme ayant pour unique ou même pour principal motif le désir de l'inégalité. On l'a fait entrer en toutes, mais à titre d'auxiliaire seulement. Or voici le point que je tiens à faire ressortir. Quand une action est le produit de plusieurs motifs combinés, il se peut que ce soit le moins noble d'entre eux qui en détermine le caractère moral, mais assurément cela n'arrive pas toujours ; et dans les cas en question, c'est généralement le contraire qui a lieu. Commençons par celui de la religion, où le doute surtout semble permis. Si nous prenons l'homme au point le plus éminent de la sainteté, l'homme qui s'est proposé d'y arriver et qui jouit d'une grande influence par le fait même qu'il a su l'atteindre, sans aucun doute, chez un tel homme, le désir de l'inégalité mondaine serait, s'il y cédait, la ruine de son caractère. Mais prenons des hommes d'une perfection moins sublime, et nous aurons, dans la question présente, à les juger d'une façon toute différente. De ceux-ci nous pouvons dire : en certains cas, le désir dont nous parlons en ferait peut-être d'insignes ou même de criminels hypocrites ; mais en d'autres, non seulement il ne les empêcherait pas d'être toujours des hommes utiles et excellents, il pourrait encore devenir chez eux un instrument efficace, servant à les rendre tels. Dans cette catégorie, les individus sont bons ou mauvais, hypocrites ou sincères, non pas par la raison qu'un tel désir les possède ou leur demeure étranger, mais bien, suivant que ce même désir est au service d'aspirations plus hautes, ou que leurs aspirations sont elles-mêmes esclaves d'un pareil désir. Un prêtre ou un clergyman peut être un homme de bien, et même un saint, animé du zèle le plus sincère pour les âmes qui lui sont confiées, et pourtant avoir une forte ambition de devenir évêque ou cardinal. Cette ambition pourra même donner la preuve de sa vertu, s'il se refuse à en atteindre l'objet autrement que par la voie du devoir, et si le plaisir que lui procure d'avance le sentiment de l'influence personnelle qu'il rêve ne demeure en lui, qu'autant qu'il croit pouvoir employer cette influence à des causes nobles et saintes.

Et toutefois, je le reconnais volontiers, dans l'ordre religieux, un pareil type n'est pas ce qu'il y a de plus élevé; le désir de l'inégalité n'est pas compatible avec le caractère le plus sublime en ce genre. Mais ceci ne s'applique qu'à des vies religieuses, et peut-être encore, mais dans un moindre degré, à celles des philanthropes. On n'en saurait faire aucune application à la vie dans l'ordre de la science ou des arts. L'aptitude aux créations artistiques, l'ardeur pour la découverte des vérités scientifiques, peuvent exister sans doute et se mettre à l'œuvre sans y être poussées par le désir de l'inégalité, mais elles n'ont absolument rien à perdre sous son influence. Quand l'inégalité recherchée est purement matérielle, quand elle n'est aut e chose que le désir des titres ou de la richesse, quand, en d'autres termes, elle est étrangère aux moyens employés pour la conquérir, il peut arriver qu'elle ait accidentellement un effet désastreux. Mais quand il s'agit surtout d'une inégalité d'honneur et de gloire, d'une inégalité qui tend uniquement à faire reconnaître un homme pour ce qu'il est réellement, c'est-à-dire, puisqu'il surpasse les autres, à le faire accepter comme tel, alors le désir de l'inégalité ne saurait faire encourir aucun blâme pas plus à l'artiste qu'au philosophe ; nous pouvons en constater la présence, sans enlever la moindre de ses parcelles à la puissance et à la spontanéité du génie soit artistique soit scientifique. C'est même tout le contraire, à vrai dire. Ces tendances y puiseront un caractère d'énergie et non de faiblesse. Jetons un coup d'œil d'ensemble sur les sommités du génie, en mettant seulement de côté quelques cas exceptionnels, et nous pourrons alors établir, en règle générale, que le désir de l'inégalité en matière de renommée, lors même qu'il n'est pas l'initiateur aux créations artistiques ou aux recherches de la vérité philosophique, va pourtant *pari passu* en se développant avec elles. On trouvera quelquefois le désir de l'inégalité en fait de célébrité séparé de la puissance de la conquérir, comme aussi la puissance de l'atteindre existe en dehors du désir d'y parvenir; mais dans le dernier cas, presque aussi sûrement que dans le premier, la faculté ne sera pas mise en œuvre. Il y aura sans doute, comme je l'ai dit, des exceptions, toujours est-il que le génie dépourvu d'ambition est naturellement condamné à ne pas se développer; on peut le prouver par trois genres de faits : ceux d'abord où il est resté endormi jusqu'au jour où l'ambition s'est réveillée sous l'action d'un *stimulus* extérieur; ensuite ceux où l'amour du plaisir lui a fait échec; et enfin, comme dans le cas de Chatterton, ceux où il s'est flétri devant l'injustice qui a refusé de le reconnaître. Et, je le crois, les exceptions ne sont pas nombreuses, mais si d'autres pensent le contraire, je n'ai pas d'intérêt à discuter sur ce point. Je me borne à insister ici sur cette grande vérité générale, qu'il est de règle chez les hommes de génie, non seulement que l'instinct artistique ou scientifique soit associé au désir de l'inégalité, quelle qu'elle soit, mais que cette alliance encore n'a rien de bas ou de dégradant. Et ce n'est pas tout. Je demande au lecteur d'aller plus loin.

Je voudrais qu'on en fût persuadé : loin d'être nécessairement dégradant, ce désir est dans l'ordre, il est utile et légitime. C'est une ambition très juste, pour un grand artiste ou pour un philosophe, de vouloir des honneurs que l'ignorance peut seule leur refuser et dont il n'y aura jamais que des envieux à se plaindre. Ce désir de l'inégalité, il le leur faut avoir ; qu'on le surprenne chez eux, ce ne sera ni un travers ni un ridicule ; ils pourraient plutôt encourir le travers et le ridicule, s'ils prétendaient en être exempts.

Qu'on veuille bien tenir compte de ces réflexions, et les objections que j'avais en vue perdront à l'instant la majeure partie de leur force. Et pourtant, je ne suis pas encore convaincu d'avoir réduit au silence celui qui me les aurait posées. Il pourra dire encore que je me suis laissé entraîner hors de la question initiale, que je viens de parler de l'inégalité au point de vue de la renommée personnelle, et que c'est chose toute différente de ce qu'on entend ordinairement par l'égalité sociale. S'il le dit, je reconnaîtrai qu'il a pleinement raison; mais je le prierai de revenir encore une fois sur un fait que j'ai déjà signalé, à savoir que les créations artistiques n'ont que très peu de rapport, que les découvertes scientifiques n'en ont pas du tout, avec ce qu'on entend d'ordinaire par le travail productif. Et d'ici je veux arriver maintenant à une considération très importante.

L'inégalité recherchée par l'artiste et par le savant est, avons-nous dit, celle de la célébrité; c'est celle de la richesse que poursuit le travail productif. Or, outre la différence intrinsèque qui se révèle entre ces deux espèces, il y en a une autre accidentelle. La première est pour ainsi dire de la même substance que l'œuvre au moyen de laquelle on l'atteint; la seconde en est tout à fait distincte. La renommée d'un savant est essentiellement liée aux découvertes scientifiques qui la mettent en relief; mais la maison d'un filateur de Londres ne reçoit aucune illustration du métier qu'il fait. La raison en est claire. Les résultats attendus du travail d'un filateur n'ont par eux-mêmes aucun intérêt supérieur à leur usage vulgaire; quelque talent qu'on ait mis à les produire, ils n'en portent pas de trace bien visible; on ne les donne pas pour rien, ils ne provoquent donc pas la reconnaissance des gens et ne répandent aucun lustre sur la personne du fabricant. Ils ne le présentent au monde, ni comme un grand homme, ni comme un homme de bien. Et l'on en peut dire autant de tous les articles de l'industrie, jusqu'à un certain point du moins. Ainsi un beau meuble, un vase de porcelaine, un morceau de tapisserie, supposent chez le producteur certaines qualités que n'exigent pas des pièces de coton. Ces qualités cependant n'ont point assez d'importance pour donner une valeur éblouissante à l'appréciation qu'en fait le public. Il faut remarquer en outre que plus un objet fabriqué est utile et d'un usage courant, moins aussi, et dans une exacte proportion, le fabricant a besoin d'être personnellement inspiré par son œuvre. Aussi, le motif nécessaire, celui qui le détermine à produire, devient-il de plus en plus entièrement distinct du produit.

De ces faits, nous pouvons arriver au principe général suivant : le genre d'égalité qui sert de motif à un travail varie suivant le genre d'avantage que ce travail procure à la société; et voici en quoi consiste cette variation. Plus l'avantage est populaire et répandu, plus matériel est le genre d'égalité auquel on vise; plus au contraire le genre d'égalité qu'on ambitionne est élevé et immatériel, moins l'avantage est populaire et répandu. C'est ainsi que le motif le plus élevé produit les découvertes, mais n'arrive pas aux inventions utiles; il peut donner l'intelligence des lois économiques, mais il ne fondera ni un traité de commerce ni une manufacture; il pourra produire un grand architecte, jamais un maçon. Celui qui poursuit la vérité découvrira les lois de l'électricité, tandis que celui qui recherche la fortune les appliquera pour éclairer la station de Charing Cross.

Nous en avons fini maintenant avec ce côté de la question. Notre proposition principale se trouve présentement ramenée à ses vraies proportions ; on l'a dépouillée de toutes les suggestions dont l'imagination aurait pu s'emparer pour nous en dégoûter, en influençant la partie sensitive ; elle se dresse maintenant devant nous en des conditions où l'on peut en méditer froidement la vérité.

CHAPITRE VII.

LE CARACTÈRE HUMAIN ET LE DÉSIR DE LA RICHESSE.

Je commence tout d'abord par poser au lecteur une question excessivement simple. La richesse existe dans le monde, et d'une manière ou d'une autre, ce sont les hommes qui l'ont faite. Pourquoi l'ont-ils produite? La réponse paraît bien claire. Ils l'ont produite parce qu'ils avaient envie de la posséder, et dans un sens ou dans un autre, cette proposition ne peut manquer d'être vraie. Mais quelle est la signification de cette réponse pour la plupart de ceux qui nous la donnent? Veut-on dire que tous les hommes ont eu le désir de posséder la richesse, que ce désir est, par le fait, un désir naturel, et qu'il faut pour chacun de nous le reconnaître comme tel? Ou bien veut-on dire que c'est un désir exceptionnel, qui n'est aucunement naturel, et qui ne s'acquiert que par suite de circonstances spéciales? La plupart de ceux auxquels on adresserait une pareille question la tiendraient pour déraisonnable. Sans aucun doute, diraient-ils, tous les hommes désirent la richesse; malheureusement très peu parviennent à la posséder. Telle est, comme on sait, la manière de voir qui a cours partout à cet égard. Je dois donc prier le lecteur de considérer le cas imaginaire que je vais lui exposer.

Qu'il se figure une race de sauvages, étrangers à la guerre, vivant dans une île enchantée, où les pains et les rôtis de mouton viennent sur tous les arbres, où le climat d'ailleurs est si doux qu'on n'a besoin ni de vêtements ni d'habitation. Ce serait bien là, on peut le croire, le berceau idéal de la richesse. Tout ce qui, dans les contrées civilisées, constitue le nécessaire et exige du travailleur qui veut se l'assurer, l'emploi et le développement de ses facultés, on le possède ici sans aucun labeur. On y part d'un point, où l'on a déjà pour ainsi dire reçu son salaire à titre purement gratuit. On peut disposer de tout son temps. Si l'on fait quelque travail, ce ne sera point pour soutenir son existence, mais pour l'embellir ; quels que soient donc les résultats du travail d'un individu, il n'y a aucune raison qui puisse l'empêcher d'en jouir complètement. *Ex hypothesi*, personne ne peut être dans le besoin ; *ex hypothesi* encore, chacun peut arriver au luxe. De semblables conditions ne réaliseraient-elles pas le rêve même du démocrate? La richesse n'existerait-elle pas dans cette île et n'y serait-elle pas répartie comme elle doit l'être? On pourrait le croire au premier abord, mais qu'adviendrait-il pourtant en réalité? En supposant que nos insulaires fussent des hommes comme les autres, la richesse, en de telles conditions, ne pourrait jamais se produire. Nous en connaissons aujourd'hui qui ont avec celles-ci beaucoup de similitude, et, dans le milieu qui en résulte, la richesse ne se produit pas. Sur ce point nous nous prononçons avec une parfaite assurance.

Veut-on en savoir la raison? Elle en est évidente. Nos insulaires, avons-nous dit, sont des sauvages ; ils n'ont donc pour leur servir de point de départ aucun des besoins, et par conséquent, aucun des motifs causés par la vue ou par la jouissance des produits que fabrique la civilisation. Ils n'ont d'autres motifs que ceux qui peuvent être inspirés par les besoins inséparables de toute vie animale, le besoin de l'alimentation et celui de la reproduction de l'espèce. Ils peuvent assurément les satisfaire tous les deux à peu près sans aucun travail; ils ont par là même toute liberté d'employer les loisirs de leur vie à faire ce qui leur plaît; mais il est une voie dans laquelle il ne leur plaira jamais de les employer, et c'est justement celle qui les mènerait aux productions du luxe.

Le travail productif leur est impossible. Ils n'en sont pas plus capables que s'ils étaient dépourvus de muscles et de bras. Leur île abonde, je suppose, en charbon et en métaux; mais ils ne creusent pas de puits, ne construisent pas de fourneaux et ne fondent pas le fer. Et pourquoi? C'est qu'ils ne savent aucunement à quoi leur serviraient le fer et le charbon. Ils n'ont jamais vu la richesse, ils sont dès lors incapables de la désirer. Le désir manquant, il n'y a pas de motif; en l'absence de motif il n'y a pas d'action, de même qu'à défaut de feu, la plus gigantesque machine à vapeur serait dans l'impossibilité de fabriquer seulement un jouet d'enfant. Un homme assuré d'avoir toujours à manger son content, qui n'a d'ailleurs besoin ni de toit ni de vêtement, qui n'a jamais rien vu ni rien entendu dire de la richesse, qui n'a point rêvé aux satisfactions qu'elle pourrait lui procurer, un tel homme n'est propre à rien faire pour s'enrichir ou pour monter plus haut; ainsi en est-il d'une nation composée de pareils hommes.

Mais supposons qu'un étranger arrive dans notre île, avec les goûts et les habitudes de la civilisation, et que, de façon ou d'autre, il lui prenne fantaisie de s'emparer à lui seul de tous les pains et de tous les gigots de mouton. Supposons encore qu'il réussisse à les accaparer tous pendant une journée, et qu'il fasse ainsi sentir à ce peuple les étreintes de la faim; il déclare en même temps qu'il continuera de l'affamer jusqu'à ce qu'on se soumette à ses ordres. Ce jour-là même, on verra naître chez nos insulaires une énergie nouvelle. Ce qui n'était pas existera soudain. Voici tout à coup des mains, des intelligences et des bras doués de vigueur et d'activité, prêts à se mettre au service et sous la conduite de l'intelligence de celui qui donne ou retire à son gré la nourriture. Dès ce moment, ces sauvages indolents, énervés et paresseux, deviennent des hommes industrieux et forts, et la pensée commence à poindre au milieu d'eux. Une civilisation nouvelle, ensevelie dans le sommeil, est appelée à la vie. Nos insulaires sont transfigurés, ils sont devenus d'autres hommes sous l'influence d'un seul agent, l'agent du besoin stimulé par la perspective de pouvoir donner satisfaction à ses exigences.

Or, ce que nous voyons ici n'est au sens littéral qu'un conte de fées, mais comme symbole, c'est un véritable morceau d'histoire. Il n'y a point d'îles sans doute où les arbres soient chargés de pains et de rôtis de mouton, mais il y a des îles où croît l'arbre à pain et où un homme, dans une heure de travail, peut se procurer des aliments pour toute une année. En d'autres endroits et pour d'autres causes, on peut trouver plus aisément encore les ressources de la subsistance. Et pourtant, dans aucun de ces pays, autrement que sous une pression étrangère, les naturels n'ont su produire la richesse.

Ce n'est pas seulement d'ailleurs dans les îles tropicales où dans les régions voisines, peuplées de sauvages, que nous rencontrons des analogies avec nos insulaires imaginaires. Nous en trouvons en Europe, au beau milieu de notre civilisation. Sans nous en aller bien loin, nos paysans irlandais nous en fournissent un exemple. L'Irlandais sans doute est obligé de travailler, mais pourquoi? Parce que sans le travail il périrait de froid et de faim. Mais le travail qu'il fait est tout juste ce qu'il faut pour le mettre au niveau où nos insulaires se trouvent placés naturellement et sans aucun labeur. C'est le niveau le plus infime, celui qu'imposent les nécessités de la vie animale. Les Irlandais vont jusque-là et développent même un certain talent dans leurs procédés; en dépit de ce talent toutefois, ils ne peuvent dépasser ce niveau. La nécessité est sans doute mère de l'invention, mais elle ne fait naître que l'invention du nécessaire. Quand on l'a trouvé, le talent et l'invention ont pris fin. Ils ne peuvent inventer rien de plus, parce que leurs besoins ne vont pas au delà. Ils n'ont pas le moindre désir de posséder un beau cottage avec quatre ou cinq bonnes chambres, ils aiment mieux leur hutte enfumée. Ils ne veulent pas d'un toit pour y loger leur porc, ils préfèrent avoir l'animal avec eux pour tenir compagnie à la famille. Non seulement ils ne désirent aucune de ces améliorations, ils seraient fâchés qu'on les leur imposât. Donnez-leur un cottage bien propre, ils s'empresseront de le salir; mettez l'animal sous un toit à porcs, ils l'en feront sortir tout de suite pour le ramener à la cuisine. Ce qu'ils veulent, ce n'est pas la richesse, c'est leur pauvreté avec plus de loisirs seulement. Ce que je dis ici des Irlandais pourrait s'appliquer à d'autres encore. Je les prends simplement comme un type familier de ce qu'est en général le commun des hommes, partout où la richesse ne leur apparaît pas, soit en elle-même, soit dans les moyens qui y conduisent. Le commun des hommes, dans toute l'étendue du monde, se trouve à cet égard exactement dans les conditions de nos insulaires. La richesse, quand ils ne la voient nulle part, ne saurait en rien faire l'objet de leurs désirs.

Cette assertion, je le sais, doit paraître excessive. On suppose dans le peuple que le désir de la richesse est de tous le plus commun et le plus naturel, et toute proposition qui y contredit ne peut manquer au premier abord de provoquer un sourire d'incrédulité. Il faut donc examiner encore ce sujet avec plus d'attention. Qu'on me permette alors d'observer que la supposition populaire sus-énoncée, comme la plupart des suppositions de ce genre, a sa part de vérité, et c'est précisément la raison qui la rend séduisante. Commençons par bien voir en quoi consiste cette vérité. Nous n'irons pas chercher bien loin les formes bien connues sous lesquelles elle s'exprime. Il suffit d'en prendre une et de nous en tenir à ce proverbe familier : *L'argent fait tout.* Dans ce dicton, je ne vois rien à corriger. C'est une manière large d'établir ce qui d'une façon générale est vrai. Il veut dire, que si l'on excepte des circonstances spéciales, l'argent ou son équivalent, quand la somme en est assez considérable, doit assurer toujours à celui qui le possède certains avantages immédiats. Mais parler de la sorte, ce n'est pas dire en soi que le désir de la richesse est de sa nature commun à tous les hommes. Cette dernière proposition est bien une déduction de la première, mais une déduction du genre le plus faux et le plus illogique. Ce que dit en réalité la première c'est, non pas que le désir de la richesse est naturellement commun à tous les hommes, mais que, dans certaine condition donnée, il se développera toujours naturellement; et cette condition donnée, c'est la vue de la richesse, celle-là même sur laquelle j'ai déjà tant insisté. Prenons pour exemple non plus l'argent, mais quelque chose de rigoureusement analogue. Certains sauvages ont vécu de longues années sans connaître les liqueurs alcooliques, mais ayant un jour goûté au whisky, ils ont eu depuis une telle envie de s'en procurer davantage qu'on leur ferait faire n'importe quoi pour y arriver. Or, chez eux, on pourrait bien dire en toute vérité, non pas que *l'argent*, mais que *le whisky fait tout*. Ce qui ne signifie pas cependant que tous ont naturellement le désir de boire du whisky, mais bien qu'ils en veulent, quand une fois on leur en a fait boire. Il en est de même en ce qui concerne la richesse, si l'on prend le mot au sens que lui donnent les nations civilisées ; seulement ce désir se développe plus difficilement et son intensité varie suivant les conditions de son développement.

J'ai parlé tout à l'heure des paysans irlandais. Transportons-nous maintenant en Angleterre, au cœur de nos districts manufacturiers. Nous y trouvons des houilleurs qui, dans les temps favorables, gagnent d'une semaine à l'autre plus que les bénéficiaires du clergé, et parmi les ouvriers des fabriques, il y a des familles où l'on fait des gains plus considérables encore (1). Or, ces gens là, que font-ils de leur argent ? Quelques-uns le placent où l'emploient à différents usages ; souvent, d'après mes informations, il leur sert à devenir propriétaires d'une maison. Mais ce n'est que la petite minorité. Pour les autres, ce qu'il y a d'étrange, ce n'est pas qu'ils négligent de placer leur argent, c'est la façon dont ils le dépensent. Non seulement ils ne l'em-

(1) Ainsi, j'ai entendu dire à l'un des plus grands filateurs du royaume qu'il a des employés dont les familles touchent des salaires de plus de 300 livres par an. C'est de la même source que je tiens plusieurs faits qui se rapportent à la façon dont ces revenus sont employés.

ploient à rien de ce qui peut servir à leur donner un confortable durable, mais ils le consacrent à des choses qui, eu égard à ce qu'elles leur coûtent, ne leur donnent que la moindre somme de plaisir. Ainsi ils en mettront davantage à acheter du raisin qu'à payer leur loyer; ils achèteront un piano sans connaître une seule note de musique; ils donneront des biftecks à leurs chiens, et l'on a constaté que plusieurs fumaient des pipes à quatre têtes, de façon à brûler dans un temps donné le plus de tabac possible (1). Et dans le même temps, on les voit habiter de hideux cottages où ils ont à peine le nécessaire, sans aucun des avantages qu'ils pourraient apprécier. Pourtant il est probable que ces hommes, si on les transportait dans quelque riche habitation, en regarderaient avec un vague sentiment d'envie les pièces, les tableaux et l'ameublement; il paraît toutefois bien évident qu'ils n'éprouveraient aucun désir de posséder eux-mêmes de semblables objets; car s'ils le voulaient, ils seraient en

(1) On a fabriqué à Newcastle il y a quelques années, des pipes de ce genre. Je ne sais si l'on en continue encore la fabrication.

mesure de se donner quelque chose de semblable. Offrez un millier de livres à chacun d'eux ; inutile de dire qu'ils prendront cet argent avec avidité ; mais vous ne le leur offrez pas, ils n'en ont évidemment pas un désir bien distinct ; autrement, ils pourraient en cinq années en économiser le capital.

Voici donc pour le moment trois classes d'hommes, des paysans, des houilleurs et des ouvriers fabricants, qui tous vivent en contact permanent avec la richesse ; cependant, la première ne la désire pas du tout, et les deux autres, si peu que ce qui leur en vient est virtuellement perdu chez elles.

Qu'y a-t-il donc au fond dans les haines sauvages de ces hommes, dont on nous parle si souvent, et dont nous voyons tant de signes? Elles ont toutes pour fondement, il faut bien l'avouer, le désir de la richesse, et c'est d'elles, je tiens à le rappeler, que je m'occupe constamment dans tout le cours de ce volume. A cette objection je ferai une double réponse. D'abord je ne prétends pas ici que le désir de la richesse ne soit pas, entre tous, un de ceux qu'on peut aisément exciter au plus haut point; je dis simplement qu'il ne peut exister en dehors de certaines conditions propres à le produire. En second lieu, je veux signaler un point auquel nous n'avons pas encore touché. Ce désir de la richesse prête à de nombreuses équivoques et n'est assurément pas toujours ce qu'il paraît. Une mère est malade, par exemple, sa famille meurt de faim en quelque sorte; elle voit passer une suite de chariots chargés de provisions, lesquel rasent la porte de son cottage pour se rendre aux courses d'Ascot. Or, on l'admet de part et d'autre, les haines des classes en question ne se montrent jamais plus féroces qu'au moment où le luxe se trouve en face de la misère. Donc cette mère, je puis le supposer, est pénétrée d'amertume à la vue de la richesse qui passe devant elle, et elle désire... que désire-t-elle? Conduire elle-même un *four in hand*, se pavaner avec les belles dames qu'elle vient de voir, se laisser courtiser par de beaux messieurs? Non. Ce ne sont point des visions de champagne, de salades de homards, d'ortolans truffés, qui lui font venir l'eau à la bouche. Elle ne sait rien de ces raffinements qui n'entrent pas dans son imagination. S'agit-il de domestiques, de toilettes féminines, de chevaux, d'équipages étincelants ; dans l'ensemble et dans les détails, tout cela ne lui représente que bruit et folie, elle n'y comprend rien du tout. Elle en est affectée uniquement, parce qu'elle y voit un composé où s'étale à ses yeux le symbole confus de la prodigalité, pendant qu'elle-même, elle manque de tout ; et cette prodigalité ne lui représente guère plus que le nécessaire en fait de nourriture et de vêtement. En d'autres termes, la richesse, au moment où elle la désire le plus, n'a de signification pour elle, que parce qu'elle y voit un moyen d'échapper aux privations et non pas de posséder elle-même tout ce luxe. Et généralement toutes les femmes de sa classe en sont là. Donnez-leur une fois le nécessaire ou quelque modeste aisance, et le désir de la richesse disparaîtra sur l'heure. Vous ne l'apercevrez pas plus chez elles que chez nos paysans irlandais ; il n'aura pour elles pas plus de réalité que pour nos houilleurs et pour les ouvriers de nos fabriques.

Si donc, dans un temps comme le nôtre, où la richesse, sous une forme ou sous une autre, n'est jamais bien loin de nous, où elle se plaît à éblouir tous les yeux de ses fascinations, on peut voir encore des classes nombreuses qui n'en éprouvent vraiment pas le désir, et pour lesquelles elle n'a d'autre signification que l'assurance du nécessaire, de quelque superflu peut-être, le lecteur comprendra sans peine que, dans ces premiers âges de la société qui furent le point de départ du progrès, l'homme dut se sentir bien incapable de produire ce qui chez nous laisse encore tant de cœurs indifférents. En d'autres termes, il nous faut voir dans nos insulaires imaginaires, du moment qu'il s'agit de la richesse, le type parfait, non seulement de ce qu'étaient les hommes avant sa production, mais de ce qu'ils seraient encore si elle venait à être détruite tout entière. En conséquence, si nous voulons comprendre la cause qui donna naissance aux produits de la civilisation, il nous faut nous reporter à cet état primordial de la société, et considérer les degrés par lesquels on est arrivé de cette situation à celle dont nous jouissons à présent.

Quelle a donc été, demanderons-nous, l'origine première de la richesse? Si personne n'a pu la produire avant de l'avoir vue réalisée, quel en a donc été le premier producteur? La réponse se trouvera dans un fait que jusqu'à présent j'ai à dessein passé sous silence, à savoir que l'homme a été un animal belliqueux avant d'être un animal industrieux. Les inégalités militaires ont précédé les autres, et les origines premières de la richesse ont été probablement le résultat d'un pillage ayant pour but de s'emparer du nécessaire. Impossible dans cette question de préciser les détails. Il n'est aucune civilisation dont l'histoire nous ait conservé les origines, qui n'ait débuté par une civilisation antérieure ; mais ici le détail n'a que peu d'importance. Il nous suffit de savoir qu'à l'époque où commença la période historique, la richesse s'était déjà produite, et produite en certaines conditions; qu'ensuite, partout où l'on vit une nation barbare s'élever à la civilisation, ce furent les mêmes conditions ou d'autres équivalentes qui se répétèrent invariablement. Les civilisations anciennes, à la vérité, ont eu toutes l'esclavage pour base, tandis que nos civilisations modernes reposent sur le salariat; mais voici le point où elles deviennent identiques.

Les unes et les autres ont le travail pour base, un travail qui n'est pas seulement motivé par le besoin d'avoir des aliments, car ce motif est la cause originelle de tout ce qui se fait, mais un travail qui a été motivé par ce besoin dirigé en certaines voies et soumis à des conditions propres à procurer quelque chose de plus que la satisfaction des nécessités dont il provient. Cette remarque s'applique à toutes les sociétés qui se sont élevées jusqu'à ce jour de la barbarie à la civilisation. La marche de tous nos progrès en rend témoignage, depuis les murailles de Babylone jusqu'aux nouvelles rues de Chicago. En d'autres termes, partout où la richesse a pris naissance, elle a vu entrer, comme facteur essentiel de sa production, le travail d'hommes qui ne visaient pas à la produire pour elle-même. Les briquetiers égyptiens ne se souciaient nullement des pyramides, ce n'étaient à leurs yeux que des produits accidentels qui leur assuraient le pot-au-feu domestique.

Il nous reste maintenant un point à chercher : comment ce travail s'est-il produit? Pour avoir promptement la réponse à cette question, revenons-en à nos insulaires imaginaires. Dans tous les cas, l'énergie nouvelle a été mise en jeu par une opération absolument semblable à celle de l'étranger au milieu d'eux, par une création qui fit tout d'abord sentir par des moyen sartificiels le besoin de nourriture, et qui fut ensuite en mesure de donner satisfaction à ce besoin, en y mettant certaines conditions. Mais quel a été cet étranger? De quelles forces est-il le symbole? Quel agent correspondant lui trouverons-nous dans l'histoire actuelle de la civilisation? — Il représente trois choses, l'une dans l'ancien monde, l'autre dans le monde moderne, et la troisième dans l'un et dans l'autre. Il symbolise dans l'ancien monde le pouvoir de la conquête; dans le monde moderne, le pouvoir, peut-on dire, de la société; et dans tous les deux, le pouvoir et les vœux d'une minorité. Dans toute société où la richesse a commencé, on a vu toujours la force ouverte, la force matérielle, faire de certains hommes des esclaves, ou bien un arrangement social quelconque, qui en a pris d'autres pour en faire des travailleurs libres; et toujours s'est trouvée cette minorité qui a mis cette force en œuvre, ou qui, en vertu des circonstances, a tiré son profit des arrangements sociaux. Si nous voulons maintenant résumer ces données évidentes et voir à quoi elles aboutissent, nous arriverons à un résultat très étonnant, mais qui n'en est pas moins incontestable. Il revient effectivement à dire que toutes les civilisations qui ont existé dans le monde ont commencé contre le gré de la majorité des êtres humains qui devaient y entrer. Les démocrates modernes, quand ils jettent en arrière leurs regards sur le passé, déclarent que toute son histoire est celle d'une longue oppression ; ils ne font ainsi que rendre témoignage à la vérité du fait que nous signalons. Ils reconnaissent que, dans tous les cas, ce fut toujours une minorité qui prit l'initiative de la civilisation et que cette minorité n'avait d'autres motifs que ceux de son avantage propre.

Maintenant, bien qu'il y ait là comme une contradiction dont on peut s'émouvoir, la plupart des démocrates vont probablement nous suivre en ce point. Quand il s'agira du passé, de ce qui se rapporte aux commencements de la civilisation, ils daigneront concéder à une minorité dominante la part avantageuse qu'on vient de lui attribuer. Mais ils nous diront qu'avec la marche du progrès tout a changé et que, pour avoir la clef de la situation présente, il faut comprendre qu'il ne s'agit plus de faire passer l'homme de la sauvagerie aux débuts de la civilisation, mais bien de le faire monter de ces débuts à ses développements extrêmes les plus avancés. Ils diront, ou pour parler plus justement, ils donneront à entendre, que dans le cours du progrès, la nature de l'homme a changé totalement, que le désir qui eut de la peine à s'implanter en lui tout d'abord, y a pris racine maintenant, et qu'après avoir appris pendant si longtemps à produire la richesse pour les autres, le prolétaire se trouve à présent en position de la désirer et de la produire pour lui-même. La domination d'une minorité, sous quelque forme que ce soit, a cessé d'être une nécessité pour lui.

A quoi je réponds comme il suit. Entre le commun des hommes, tel qu'il était au commencement de la civilisation et tel qu'il est aujourd'hui dans les nations civilisées, il y a sans doute une profonde différence, qui affecte les conditions et jusqu'à la nature elle-même. Mais pour cette dernière, la différence n'est pas telle que la suppose l'argumentation du démocrate. La nature intrinsèque demeure toujours la même. Toute la différence se trouve dans la diversité des conditions où elle se développe. Il a fallu qu'une forme quelconque d'inégalité fût la cause originelle et le principe de la production; de même encore l'inégalité, sous d'autres formes, a été la cause qui l'a fait continuer et si la production, de nos jours, est plus grande qu'au temps des Pharaons, ce n'est pas qu'elle dépende moins des inégalités, mais bien que les inégalités se sont organisées d'une façon plus ingénieuse pour arriver à ce résultat.

Mais pour prouver cette assertion et pour la bien établir, il faut en venir à l'histoire du progrès industriel, en examiner attentivement, non pas les faits dans leur détail, mais les différentes classes où se groupent ces faits, et étudier la similitude des principes qui se cachent sous une apparente diversité. Or les faits en question forment évidemment deux classes. L'une se compose des entreprises, des découvertes et des inventions; l'autre des conditions sociales grâce auxquelles on les a réalisées ou utilisées. Voulons-nous comparer, par exemple, l'Europe moderne à l'ancienne Égypte, nous pourrons dire que la première diffère de la dernière, en ce qu'elle a d'une part, la vapeur à son service, de l'autre, en ce que, chez elle, le travail est libre; et nous prendrons comme types des questions que nous avons à traiter les deux suivantes : Quelle a été la part des personnes dans les opérations que réclamait chez nous l'introduction de la vapeur. En quoi, au point de vue des personnes, l'opération est-elle différente pour un ouvrier de Birmingham de ce qu'elle était pour un esclave de Sésostris?

Ce sont-là les deux points sur lesquels doivent porter nos recherches, et il y a évidemment entre eux, une distinction à faire. Et toutefois, autant que je puis le savoir, aucun des théoriciens de la démocratie ne s'est jamais donné la peine de l'établir; pas un n'a même songé à déterminer ces deux classes au moyen d'une désignation reçue. Je proposerai donc pour la convenance du sujet d'appeler la première celle du progrès impersonnel et la seconde, celle du progrès personnel; on voit clairement en effet que le caractère spécial de l'une est d'embrasser les choses qui ont été faites; tandis que l'autre s'applique aux conditions des personnes qui les ont faites. Dans les chapitres suivants j'examinerai successivement ces deux points.

CHAPITRE VIII.

L'INÉGALITÉ ET LE PROGRÈS MATÉRIEL.

Quand on veut établir une comparaison entre la civilisation à l'état présent et celle des temps anciens, où elle en était encore à des rudiments imparfaits et grossiers; quand on veut comparer la civilisation sous le règne de la reine Victoria à celle qui florissait aux temps des Sésostris, des Balthasar, des Charlemagne, des Guillaume le Conquérant, il faut tenir compte d'abord des grands faits matériels qui ont signalé notre époque; car c'est grâce à eux que notre civilisation est, au point de vue matériel, on le suppose du moins, si fort en avant sur celle du passé. Nous choisirons seulement entre ces faits ceux qui, dans l'opinion populaire, ont une importance considérable, ceux que les démocrates les plus extrêmes regardent comme les triomphes du progrès, d'accord en cela d'ailleurs avec leurs adversaires les plus conservateurs. Nous n'aurons pas de peine à mettre la main sur les principaux. Nous avons ainsi la poudre à canon, l'imprimerie et la vapeur, cette dernière appliquée de trois manières : aux voyages par terre, aux expéditions maritimes, et aux opérations immédiates de l'industrie, telles que l'éclairage au gaz, la télégraphie électrique et le réseau commercial qui relie présentement toutes les contrées du globe. Cette énumération est sans doute incomplète, mais elle suffit pour faire voir au lecteur l'ordre des faits auxquels elle se rapporte et aussi leur connexion essentielle avec l'idéal de la démocratie moderne. Ainsi, rien n'a plus contribué que la poudre à la distribution du pouvoir; que l'imprimerie, à la diffusion des connaissances; que la vapeur enfin, à l'accroissement du bien être; et rien n'a développé dans le monde le sentiment de la solidarité universelle du genre humain comme l'extension du commerce, jointe au progrès qui rendit en même temps la locomotion si facile. Remarquons-le encore, toute cette science spéculative, qui fut dans une large mesure l'instrument dont on se servit pour rendre possibles de pareils faits, leur doit elle-même tout autant qu'ils lui doivent.

Maintenant, demandons-nous par quels moyens ils ont été accomplis. Ce fut de façon ou d'autre, par des moyens humains ; l'assertion va de soi. Ce qui nous importe, c'est de savoir quels ont été ces moyens et comment ils ont été mis en œuvre. Et si nous posons ces questions, ce n'est pas que nous prétendions connaître tous ces moyens ; nous pouvons nous en tenir aux plus distinctifs. Si je voulais savoir par exemple comment un message m'est arrivé, il me suffirait d'apprendre que c'est un groom qui est venu à cheval me l'apporter, ou bien qu'un commissionnaire est arrivé dans un hansom pour me le remettre ; je ne m'occuperais pas de savoir qui a pansé le cheval ou qui l'a ferré, qui a fait le hansom ou quelle a été la raison pour laquelle le groom ou le commissionnaire ont exécuté la charge qui leur était confiée.

Si donc nous considérons un des faits en question, nous aurons sur-le-champ à en rattacher l'existence au nom d'un homme en particulier ou peut-être à plusieurs noms individuels. Ainsi à la découverte de l'Amérique se rattache le nom de Christophe Colomb ; celui du moine Bacon, à l'invention de la poudre à canon ; ceux de Watt, de Stephenson et autres, à la découverte et à l'introduction de la vapeur ; et nous pourrons constater ainsi que, dans la pensée populaire, les causes qui ont amené ces grands événements résident dans les hommes dont les noms y sont associés. En d'autres termes, nous constaterons que le sentiment populaire attribue le progrès impersonnel de la civilisation industrielle au génie de certains individus privilégiés. Je tiens à démontrer tout d'abord qu'ici le sentiment populaire a parfaitement raison. Après quoi je pousserai plus loin cette recherche, afin de voir les motifs sous l'inspiration desquels ont agi ces individus.

Peut-être me fera-t-on observer que si l'impression dont je parle est bien vraiment le sentiment populaire, on risquerait de perdre son temps à y insister. A quoi je répondrai en renvoyant le lecteur à certains passages déjà cités de Mr. Herbert Spencer. Il faut se rappeler qu'il a déclaré, avec toute l'énergie possible, cette impression absolument erronée. Elle est fatale, nous a-t-il dit, à toute compréhension vraie du progrès et la pensée scientifique l'a entièrement démolie. C'est cette même impression qui, présentée sous une forme distincte, a été par lui si impitoyablement dénoncée sous le titre de *théorie du grand homme*, et au sujet de laquelle, j'ai dû soumettre à la critique le traitement qu'on lui a fait subir. Si toutefois cette façon d'envisager le sujet était uniquement celle de Mr. Spencer, ce ne serait sans doute pas la peine d'y revenir une seconde fois. Mais il s'en faut bien qu'elle soit particulière à lui ou à ses disciples. M. Spencer l'a revêtue sans doute d'une expression qui lui est propre ; il l'a façonnée pour son système ; mais c'était déjà un lieu commun scientifique ou quasi scientifique, au moment où Mr. Spencer s'en faisait le présentateur. Voyons, par exemple, comment en parle Macaulay. Dans l'exposé qu'il en fait à ses lecteurs, c'est une chose qui peut déjà passer pour une platitude aux yeux des initiés, alors même que le vulgaire y voit encore un paradoxe. Non seulement il devance ainsi l'opinion de Mr. Spencer, il s'empare d'avance à peu près de ses propres expressions. Mr. Spencer nous a dit, avons-nous vu : *Avant que le grand homme puisse refaire sa société, il faut que la société le refasse lui-même.* Macaulay s'exprime ainsi : *C'est l'époque qui fait l'homme et non pas l'homme qui fait l'époque. Les grands esprits réagissent sans doute sur la société qui les a faits ce qu'ils sont, mais ils ne font que lui payer avec intérêt ce qu'ils en ont reçu. Les inégalités de l'intelligence*, continue-t-il, *comme celles du globe, sont si peu de chose par rapport à la masse, que lorsqu'on en calcule les grandes révolutions, on peut en toute sécurité n'en pas tenir compte. Le soleil resplendit sur les hauteurs, alors qu'il est encore au-dessous de l'horizon, et les grands esprits découvrent la vérité quelque temps seulement avant qu'elle ait manifesté sa lumière à la foule. Là se borne l'étendue de leur supériorité.* Les premiers ils ont surpris et reflété ces clartés qui, indépendamment de leur assistance, *seraient bientôt devenues visibles à ceux-mêmes qui sont placés bien au-dessous d'eux* (1).

(1) *Essay on Dryden.*

Voilà donc, au dire de la science moderne, le point de vue qui doit ici prendre la place de l'opinion du vulgaire. Dans l'étude du progrès individuel, les grands esprits, nous a dit Macaulay, *peuvent être négligés en toute sécurité;* ou, comme le dit Mr. Spencer, *nous n'en apprendrions rien qui vaille, dussions-nous user nos yeux à lire leurs biographies.* Ils ne font, ce semble, que devancer un peu la découverte de la vérité; *indépendamment de leur assistance*, la société l'aurait trouvée d'elle-même. Dans un chapitre précédent, je me suis étendu sur cette étonnante doctrine, pour montrer avec elle comment les penseurs modernes ont négligé de voir toute une science. J'y reviens en ce moment pour un motif quelque peu différent, et je veux faire voir comment, prise en elle-même, elle est profondément en désaccord avec les faits. Quand des saints viennent à s'égarer, ce sont généralement les pires des pécheurs ; quand des hommes de science se laissent aller à l'inexactitude, il n'y a pas de confusion comme la leur.

Ne perdons pas de vue les résultats du progrès dont nous nous occupons, l'extension du commerce, l'introduction de la vapeur et le reste; associons-les par induction à la science requise pour leur réalisation, et demandons-nous s'il en est un seul que la société eût pu accomplir d'elle-même. Serait-ce la découverte de l'Amérique? Ou bien encore la société aurait-elle inventé l'art de l'imprimerie? Aurait-elle découvert la loi de la gravitation, ou la distance de la terre au soleil? Plus récemment, aurait-elle pu écrire le *Système de philosophie* de Mr. Spencer? Est-il une seule de ces choses qu'elle eût pu faire? Si quelqu'un le croit, c'est un point que je ne prendrai pas la peine de discuter avec lui, mais en tout cas, je lui demanderai si elle l'a fait réellement. Les hommes qui se flattent de suivre la méthode historique feraient assurément bien de consulter les faits de l'histoire.

Prenons donc la découverte de l'Amérique. Cet événement, comme tout le monde sait, fut en un sens accidentel. Il fut le résultat d'une tentative faite dans le but de découvrir une nouvelle route pour aller aux Indes. Eh bien! supposons qu'on eût demandé à tout le monde, hommes et femmes en Europe, leur opinion sur ce sujet, au temps où Christophe Colomb préparait les plans de son expédition : quel eût été, proportion gardée, le nombre de ceux qui auraient eu sur ce point une opinion quelconque? Combien y en eût-il eu à comprendre l'importance de cette nouvelle route? Combien, parmi ceux qui l'auraient comprise, l'auraient crue possible? Combien de ces derniers, la croyant possible, eussent voulu risquer quoi que ce soit pour en faire un essai pratique? Quiconque a étudié l'état de la société, de la science et de l'opinion à cette époque, pourra sans peine arriver à une réponse approximative; et la biographie de Christophe Colomb lui-même lui fournira de plus amples informations. Tant s'en faut que les découvertes de Colomb aient été l'œuvre de la société européenne, prise en général, que tout au contraire, jusqu'au jour où elles furent réalisées, l'immense majorité de cette société ignorait absolument le fait même qu'on les avait alors en vue; et dans la petite minorité qui le connaissait, la plupart étaient indifférents, les autres, en grand nombre encore, étaient hostiles à cette idée. Sans aucun doute, dira Mr. Spencer, et d'autres avec lui, Christophe Colomb n'était pas né avec l'idée, toute faite en lui, de sa découverte. On en peut suivre le développement dans le séjour qu'il fit à Lisbonne, où son frère, déjà établi, s'occupait de dresser des cartes maritimes, où il épousait lui-même la fille d'un marin italien, coureur d'aventures; ce fut là, peut-on dire, qu'il se laissa pénétrer des connaissances et de l'esprit des découvreurs qui l'avaient précédé. Mais d'abord, ces découvreurs n'étaient qu'une minorité infinitésimale au milieu du genre humain pris en masse; et puis, ces hommes eux-mêmes et tous ceux que connaissait Christophe Colomb étaient opposés aux convictions et aux plans du navigateur, qui heurtaient de front toutes leurs idées; tout au plus quelques-uns y virent-ils une révélation. Voici donc un fait incontestable et clair. Qu'on dise ce qu'on voudra des circonstances antérieures ou contemporaines dont serait issu Colomb, à l'époque qui le vit naître; c'est bien en lui seul qu'il faut voir le centre individuel d'où jaillirent et la lumière et la force qui devaient aboutir à la réalisation de sa grande entreprise. Il apparaît essentiellement, non pas comme faisant partie de son siècle, mais comme étant le couronnement de son époque, comme le grand maître et non point comme le disciple de son temps. Le 3 août 1492, la cause de l'un des plus grands événements de l'histoire ne se trouvait pas, comme le prétendrait Mr. Spencer, diffuse à travers l'Europe prise en général; elle était tout entière confinée dans les étroites limites du gaillard d'arrière d'un navire, d'où l'on voyait lentement s'effacer dans le lointain la barre des Saltes, et qui pour quelque temps, s'éloignait de l'Europe et faisait voiles vers d'autres plages.

Prenons maintenant, parmi les autres exemples que j'ai déjà mentionnés, le *Système de Philosophie* de Mr. Spencer, pour y appliquer ses vues critiques sur la *théorie du grand homme*. Si Mr. Spencer s'en tient réellement à ses données, il en résultera qu'il ne peut aucunement se considérer lui-même, au sens sérieux du mot, comme l'auteur de ses propres volumes. Naturellement, nous aurons toujours en lui la cause originelle du travail manuel qu'ils ont coûté, mais pour tout le reste, il n'a guère été qu'un sténographe prenant des notes sous la dictée de la société; il n'est pas plus en lui-même un philosophe que le reporter d'un journal n'est à lui seul toute la chambre des communes. L'idée que Mr. Spencer a dans l'esprit paraît assez claire; je ne songe nullement à en faire la caricature; elle contient même une vérité et je suis entièrement prêt à le reconnaître. Mais l'erreur de Mr. Spencer consiste à prendre pour le tout ce qui n'est que le tiers de cette vérité; et parce qu'on a précédemment négligé ce tiers, il s'en venge en rejetant à présent les deux autres. En premier lieu donc, personne, au temps où nous sommes, ne s'imagine plus qu'un homme, quelque grand qu'on le suppose, soit indépendant de l'époque où il vit. Si un capital considérable de connaissances n'avait pas déjà été acquis, Mr. Spencer n'aurait pu s'élever aux vues spéculatives qu'il a exposées. Ainsi, en un certain sens, nous pouvons l'admettre, c'est la société qui l'a fait. Mais ce point admis, deux questions distinctes se présentent : d'abord en quel sens est-il vrai que la société l'ait fait? et ensuite, en ce qui regarde la cause de sa philosophie, peut-on ne tenir aucun compte de lui, comme individu distinct de la société?

Lisez les ouvrages de Mr. Spencer, une chose vous y frappera surtout, le suprême mépris qu'il y professe constamment pour les opinions de la société en général. Il ne touche presque jamais à une question, sans mettre tout de suite en avant un exemple des ridicules méprises qui ont cours présentement à son endroit. Et ce n'est pas seulement dans les classes illettrées qu'il va chercher les mécréants, il les trouve parmi des hommes qui ont eu sans doute des théories souvent défectueuses, mais qui pourtant, en fait de renommée et de génie, ont pris rang au milieu de nos illustrations contemporaines. Or je n'ai pas le moins du monde la pensée de dire que Mr. Spencer n'a pas raison ou que ceux qu'il critique n'ont pas tort, je ne veux insister que sur un point. Dans la société dont Mr. Spencer fait lui-même partie et qui, d'après sa propre théorie, l'a fait ce qu'il est, une majorité écrasante, non seulement refuse d'accepter sa philosophie, mais épouse encore les faussetés qui sont le plus en opposition avec elle : il est donc clair que, si

Mr. Spencer représente quelque chose, il ne représente certainement pas cette société dans son ensemble. Représente-t-il quelque chose en dehors de lui, ce qui ne fait pas l'objet d'un doute, ce ne peut être qu'une partie choisie de cette société, ou, si l'on veut, une minorité aux prises avec une majorité réfractaire. En d'autres termes, s'il se défend d'avoir une influence qui le poserait lui-même comme un grand homme, il lui faudra du moins accepter celle qui lui revient comme représentant de tout groupe de grands hommes.

Voyons, en second lieu, quelles relations il peut avoir avec ce groupe de grands hommes? Il a pris chez eux une façon générale de voir les choses, de laquelle il s'est pénétré; puis il s'est emparé d'une énorme quantité de faits que ces hommes ont été les premiers à recueillir. Mais ensuite qu'en a-t-il fait? Il en a certainement fait quelque chose, ou du moins il le croit. Il n'a pas laissé les questions exactement au point où il les avait trouvées. Au contraire, de l'avis de beaucoup de gens intelligents, il a fait quelque chose de très important, et, l'on ne peut guère en douter, il partage lui-même cette manière de voir. Voilà donc que nous avons en Mr. Spencer, non seulement le représentant des pensées d'une minorité, mais encore un homme qui a lui-même apporté à ces données un appoint considérable. Qu'aurons-nous donc à dire de lui? Du moment qu'il exerce ainsi une influence qui lui est propre, n'est-il pas proportionnellement aussi un grand homme? En cette qualité, n'est-il pas lui-même la vraie cause de son influence? Peut-être nous dirait-il, si nous lui posions ainsi la question, qu'il a été tout simplement un instrument entre les mains des circonstances, et que s'il n'avait pas lui-même rempli son rôle, quelqu'un fût venu s'en acquitter à sa place. Mais qu'entendrait-il dire ainsi? Deux significations sont possibles; suivant l'une, le premier venu eût été à la hauteur de la tâche qu'a remplie Mr. Spencer, ce qui est complètement faux; suivant l'autre, tout homme eût pu la remplir, pour peu qu'elle se fût trouvée sur sa voie; ce qui n'est pas vrai davantage. Mais cela pourrait signifier encore que, si Mr. Spencer n'avait pas existé, un autre se fût rencontré qui n'eût pas été moins grand que lui et qui eût pris sa place ; ce qui, au point de vue de *la théorie du grand homme*, consiste tout simplement à remplacer un grand homme par un autre, et ne change rien à la question.

Il est donc tout aussi clair, dans le cas de Mr. Spencer que dans celui de Christophe Colomb, qu'il est bien la cause de l'œuvre à laquelle est associé son nom ; et le même raisonnement s'applique à tous les grands hommes quelconques. Qu'on me permette toutefois d'expliquer plus longuement ce qu'on entend ici par *cause*. Je tiens à le répéter une fois de plus, je le sais aussi bien que Mr. Spencer et je le reconnais aussi complètement que lui, l'œuvre d'un grand homme ne s'accomplit point par lui indépendamment de son milieu. Mais il est également vrai, et ce point a plus d'importance, que son milieu ne l'eût pas réalisée sans lui. Christophe Colomb n'eût jamais traversé l'Atlantique s'il n'avait pas eu de matelots avec lui, mais citer les matelots au nombre des causes qui l'y entraînèrent, c'est simplement une vaine pédanterie. Les matelots sont essentiellement de toutes les traversées. Colomb fut lui-même personnellement essentiel à la sienne. Pour en revenir à Mr. Spencer, admettons qu'il ait eu sous la main tous les matériaux de sa philosophie. Admettons qu'il n'ait eu pour les réunir que très peu de travail personnel. Encore faut-il qu'il y ait eu quelqu'un pour faire cette besogne, et celui qui l'a faite en a été aussi vraiment la cause que l'est une allumette de l'incendie qu'elle allume. Supposons par exemple que la bibliothèque de Mr. Spencer ait pris feu, et qu'un manuscrit de quelque nouveau volume de sa philosophie ait été détruit par les flammes. S'il veut se rendre compte de la cause qui a amené la catastrophe, il n'ira pas s'enquérir de la nature du papier dont il a fait usage, et dire que son livre a été brûlé par la raison que le papier en était très inflammable ; mais sitôt qu'il aura découvert qu'il y avait dans son bureau une allumette, laquelle s'est enflammée par une friction accidentelle, il en saura assez et aura trouvé la vraie cause de l'accident. Il ne se souciera pas d'aller plus loin. Il ne demandera point qui a vendu l'allumette, qui l'a faite ni quel a été l'inventeur des allumettes. Il s'en tiendra à ce fait qu'une allumette est une matière douée de certaines propriétés et qui prend feu en certaines conditions. Maintenant la composition d'une allumette, les conditions dans lesquelles elle s'enflamme sont choses trop bien connues de Mr. Spencer pour qu'il fasse une enquête à ce sujet. Mais s'il en était autrement, si les allumettes étaient des produits naturels excessivement rares, qui se trouveraient on ne sait comment en quelques endroits, et qui viendraient on ne sait d'où, en qualité d'homme de science, il ferait porter toutes ses recherches sur la production même de l'allumette et sur les conditions dans lesquelles elle s'enflamme. Par rapport aux grands hommes, le cas est exactement le même. Si Mr. Spencer tient à en faire une charge, voici une comparaison triviale, mais juste, qui se présente à lui. Qu'il les appelle les allumettes incendiaires du monde; seulement alors, je lui dirai que les conflagrations dont ces allumettes sont cause, dépendent pour se produire de la nature même des têtes de ces allumettes et des surfaces sur lesquelles on les frotte. C'est-à-dire qu'elles dépendent du caractère et de la vie de ces grands hommes eux-mêmes; et voilà justement ce qu'il faut étudier dans leurs biographies; et ces biographies, il ne s'agit pas de les prendre séparément, mais ensemble, et de les examiner d'après une méthode de comparaison. Si dans cet examen, nous ne découvrons entre eux aucun trait de ressemblance, dès lors nous ne pouvons pas plus expliquer les événements auxquels les grands hommes nous ont initiés, ni les rattacher aux autres événements et circonstances, que nous ne pourrions rapporter un incendie à l'ordre général de la nature, si le premier morceau de bois venu, dont la tête serait noircie n'importe comment, devait faire une allumette incendiaire. Et c'est bien ici en un sens exactement le même cas. On n'a jamais expliqué encore, comment, dans le fait d'une naissance individuelle, l'enfant qui vient de naître appartient à tel sexe plutôt qu'à tel autre. On n'explique pas davantage, il semble même plus difficile encore de s'en rendre compte, comment tel enfant qui vient au monde a tout ce qu'il faut pour devenir un génie, alors que son frère aura tout ce qu'il faut pour n'être jamais qu'un sot. Il est certain que nous n'arriverons jamais par une étude des biographies, ni par aucune autre, à trouver une loi générale qui s'applique à la production du génie en puissance, mais nous pourrons arriver à une loi générale très distincte sur les développements qui de la puissance le feront passer à l'actualité; et la biographie de tous les grands hommes, de ceux-là du moins qui ont fait marcher en avant le progrès matériel, nous fournit à l'appui de cette thèse des faits caractérisés.

Chaque fois qu'un grand homme a ouvert une nouvelle ligne de commerce, enrichi le monde d'une invention nouvelle ou asservi au profit de l'humanité quelque force de la nature encore inconnue, il a toujours été poussé, sinon uniquement, du moins dans une large mesure, par un désir d'inégalité sociale dans un genre ou dans un autre. Revenons à Christophe Colomb, nous sommes avec lui tout particulièrement à la question. Je l'ai déjà reconnu, dans le classement des œuvres, nous en avons trouvé dont la nature est telle qu'elles confèrent pour ainsi dire d'elles-mêmes et par le seul fait de leur accomplissement, la supériorité qui les distingue; cette perspective toute seule a suffi en certains cas à donner à leurs auteurs la force de les réaliser, sans qu'ils aient recherché quelque autre inégalité sociale proprement dite. Or, si une œuvre doit appartenir à cette classe, il faut croire assurément que c'est bien la découverte d'un nouveau monde. Mais examinons les faits de l'histoire, ceux de la nature humaine. Colomb, le seul homme de son siècle qui pût concevoir cette grande entreprise, le seul qui pût, à force de patience, de persévérance et de courage, la mettre à exécution, a-t-il pensé que la grandeur et l'utilité de la découverte étaient des motifs suffisants par eux-mêmes pour le décider à travailler à son accomplissement? Sa biographie va nous répondre pour lui. Il avait à lutter, comme on sait, contre de très grosses difficultés, — l'indifférence, l'ignorance, la superstition, l'incrédulité, — pour obtenir une assistance qui lui permît seulement de commencer cette entreprise hasardeuse; or, à tous ces obstacles il en ajouta un autre de son propre fait, et ce fut la prodigieuse récompense personnelle qu'il exigea pour lui-même, au cas où le succès couronnerait ses efforts. Il demanda qu'on l'anoblît et qu'on lui conférât le titre de grand amiral des mers ; il voulut que ces privilèges fussent héréditaires dans sa famille ; il exigea qu'on lui concédât la dixième partie des marchandises qu'il ramènerait des contrées qu'il se proposait de découvrir, et en outre, le huitième sur les dépenses et profits de toutes les transactions commerciales qui s'y feraient après lui. On voit par là que l'ambition d'être un découvreur ne lui suffisait pas et qu'il en avait encore une autre, inspirée par le désir de faire arriver sa famille au plus haut rang social. Et l'importance de cette ambition, comme motif déterminant, se révèle dans ce seul fait : tant qu'on fit opposition à ses prétentions et qu'on lui refusa les récompenses exigées, Colomb se garda bien de faire un pas dans la voie qui devait le conduire à la réalisation de sa grande découverte (1).

(1) On ne veut pas dire sans doute que toutes les grandes découvertes, comme celles de Colomb, ont été inspirées par le désir de l'inégalité sociale. Les récentes expéditions polaires, par exemple, ont eu pour principal motif la curiosité scientifique. La découverte de Colomb n'est citée ici que comme un événement dans le progrès matériel du monde, et elle a une valeur toute spéciale, car

Or, nous avons en Christophe Colomb un type parfait où l'on voit en jeu l'action du caractère humain dans le développement du progrès impersonnel; et s'il manquait à ce caractère quelque chose pour être vraiment typique, il ne faudrait pas l'imputer à la prédominance du désir de l'inégalité sociale, mais plutôt au mélange d'une foule d'autres motifs qui sont venus se grouper autour de ce désir. Étudions-nous l'histoire d'une entreprise ou d'une invention quelconque, cherchons-nous à savoir en quel but on a fait servir l'industrie à la production de la richesse ou aux transactions qu'elle entraîne, nous trouvons, dans la vie de tous les grands hommes qui y ont contribué, des motifs équivalents à ceux qui firent réclamer à Colomb une part dans le commerce des Indes et une grande situation pour sa famille. Nous y trouvons distinctement un désir d'inégalité sociale d'un genre quelconque, tantôt celui de la fortune seulement, tantôt celui des distinctions, et quelquefois celui de ces deux avantages réunis. Et plus le but de l'entreprise ou de l'invention

elle nous montre comment la gloire accidentelle qui s'y attachait n'empêcha pas qu'un motif plus matériel dût s'y ajouter.

est d'un caractère exclusivement utilitaire, plus aussi nous constatons que le désir de l'inégalité en devient exclusivement le motif. On peut dire sans doute que bon nombre des inventions les plus importantes doivent en un sens leur origine à des événements qui ne furent guère autre chose que des hasards. Celle du verre, par exemple, a été, nous dit-on, tout à fait accidentelle; la machine à vapeur encore dut son moteur automatique à la paresse d'un jeune garçon (1). Mais ces exemples et d'autres semblables en grand nombre ne vont pas contre ce que je veux établir. Ces hasards heureux, ces triomphes fortuits de l'ingénuité, n'ajoutent rien par eux-mêmes à la richesse du monde. Que la découverte soit

(1) La machine à vapeur de Newcomen, c'est un fait bien connu, devait être dirigée au commencement par un servant, chargé d'ouvrir et de fermer un robinet d'injection à chaque coup de piston. Mais plus tard un garçon, nommé Humphrey Potter, inventa un crochet fixé au balancier de la machine, au moyen duquel le robinet d'injection s'ouvrait par un mouvement automatique. Nous pouvons remarquer que ce garçon appelait ce crochet un *scoggan*, désignant ainsi un appareil qui lui permettait de se reposer : *to scog*, dans le nord de l'Angleterre signifie *flâner* ou *ne rien faire*. Ainsi, ce garçon eut lui-même pour motif le désir de se faire des loisirs, ce qui ne peut exister que là où il y a des inégalités sociales.

celle d'une nouvelle substance ou d'une application mécanique, elle a besoin d'abord d'être mise en œuvre, puis multipliée et introduite dans le domaine public. Tant qu'elle n'a pas subi ce double procédé, au point de vue du progrès, elle n'est pas née, elle est non existante. Le progrès ne dépend pas seulement des inventions et des découvertes, mais de l'étendue de leur application dans le monde en général. Il faut réaliser, reproduire et multiplier ce qui a été découvert ou inventé, qu'il s'agisse du verre, de l'imprimerie, de l'éclairage au gaz, des chemins de fer, ou de tout ce que nous voudrons; et c'est en cela, du moment que les intérêts du monde sont en jeu, que consiste le progrès matériel; tous les travaux de ceux qui s'y sont appliqués ont dû s'effectuer sur ce terrain.

Que le lecteur envisage trois des faits que nous venons de citer : l'imprimerie, l'éclairage au gaz et les chemins de fer. L'ambition des premiers imprimeurs fut sans doute au plus haut point celle qui anime les hommes de science; le mobile artistique s'y joignit en outre et, dans l'éclat de ces grands intérêts, on pourrait s'imaginer que le désir de l'inégalité en matière d'argent a dû chez eux disparaître. Pourtant, ce désir, nous le surprenons en eux; et, remarquons le bien, on le vit croître chez leurs successeurs en proportion exacte des progrès qui rendaient l'imprimerie moins dispendieuse et multipliaient les livres à profusion. L'histoire de l'éclairage au gaz nous offre les mêmes analogies. Ce fut un clergyman qui le premier, en 1739, découvrit qu'un gaz inflammable se dégage du charbon, dans le cours de la distillation qui en détruit le combustible. Le fait fut annoncé dans les *Transactions de la Société royale;* il éveilla sur-le-champ l'attention d'autres expérimentateurs bien connus. Mais il s'écoula plus d'un siècle depuis la première découverte, sans que personne songeât à en faire aucune application pratique; et quand on en fut là, trente années se passèrent encore avant que cette application pût être utilisée et introduite dans le domaine public. Dans le cours de cette période, on n'en fit l'essai que pour une seule maison de la Cornouaille, dans une fabrique voisine de Birmingham, et une autre fois, au théâtre de Londres. On s'en tint là, et en voici la raison. Le fait en question et l'invention à laquelle il servait de base étaient encore étrangers aux hommes qui devaient s'en servir pour en tirer des profits. L'affaire passa aux mains d'une compagnie régulière de commerce et, presque au même moment, l'Europe se trouva envahie par les lampes à gaz. L'histoire de la locomotive et l'extension donnée au système des chemins de fer nous conduisent l'une et l'autre à des conclusions du même genre et qui sont à vrai dire tellement évidentes qu'il est inutile d'y insister. La locomotive fut exécutée grâce aux travaux patients et compétents d'un groupe d'hommes qui avaient tous le même motif, et ce motif n'était autre que le désir de faire fortune. Plus nous étudierons soigneusement les détails de la question, plus ce fait nous impressionnera profondément. Et si nous passons de la construction de la locomotive à l'extension du système des chemins de fer, les noms des Brassey, des Brunel et des Stephenson porteront avec eux leur propre signification.

Des évidences du même genre pourraient se multiplier indéfiniment : mais un lecteur passablement informé sera en état de les trouver lui-même. Il lui suffira d'envisager les faits qu'il connaît déjà sous un de leurs aspects, puis de les renverser pour en examiner l'autre. Les découvreurs, les inventeurs, les fabricants et les commerçants visent tous à la richesse, et les plus heureux y arrivent : c'est une vérité aussi rebattue que celle qui affirme que le soleil s'est levé hier ; mais ce qu'on n'a jamais encore reconnu, c'est la pleine signification qu'elle comporte au point de vue scientifique. Ces hommes obtiennent-ils le succès qui les fait arriver à la fortune, on voit dans ce fait un événement accidentel qui est le résultat bien plus que le facteur essentiel de leur situation ; le démocrate peut ainsi prétendre d'une façon assez plausible que ce n'est là qu'un accident, un cas fortuit, auquel on aura soin de parer dans l'avenir. Toutefois, cette manière d'envisager la question n'est aucunement scientifique. Le principe qu'elle implique en réalité, c'est qu'on ne doit tenir aucun compte de cet autre principe, à savoir que la réalisation de la fortune étant en général le résultat du succès, le désir de ce succès est invariablement le mobile des efforts qu'on fait pour y arriver. Or ces deux propositions, celle qui a trait au résultat et celle qui se rapporte au motif, pour être étroitement liées n'en sont pas moins deux choses absolument distinctes. Séparée de la seconde, la première n'est pas le moins du monde une loi générale fondée sur la science; c'est tout simplement une affirmation basée sur ce qui est arrivé jusqu'à présent, mais pourrait bien ne pas arriver toujours. Dire que la richesse est en général le résultat du succès industriel, c'est une assertion qui ne porte que sur les conditions sociales existantes, et qui, dans les limites où elle se produit, peut être modifiée dans une certaine mesure. Mais dire que le désir de la richesse en est le motif invariable, c'est atteindre la nature humaine elle-même, c'est poser une loi universelle et permanente.

Donc, tout ce que je demande maintenant au lecteur, c'est de considérer l'envers de ce qu'il connaît déjà si bien. Les découvreurs, les commerçants et les manufacturiers, dont les vies ont fait date dans l'histoire du progrès matériel, n'ont pas seulement produit la richesse, c'est par elle aussi qu'ils ont été produits. S'ils ne l'avaient pas crue réalisable à leur profit, leur génie n'eut jamais acquis son entier développement; au point de vue pratique il eût été toujours comme n'existant pas; il fut resté à l'état du gland qui n'est pas destiné à devenir un chêne. Ce que la terre est au gland, le désir de l'inégalité l'est à leur génie. Il s'est développé dans la proportion même où l'inégalité leur a semblé possible. Qu'on la rende impossible, et dans la même proportion on empêchera ce génie de se révéler. Ce génie est même si étroitement lié au désir spécial dont il s'agit, qu'on peut traduire son effet pratique sur le progrès matériel du monde dans les termes mêmes qui expriment ce désir. Il se précise, se fortifie, se rapproche ou s'éloigne de son objet, suivant le rapport du motif au sien. Toutes les observations qu'on fera à ce sujet confirmeront et mettront en lumière cette grande loi générale. Qu'on prenne pour les faire ses matériaux dans le présent ou dans le passé, qu'on les cherche en différents pays et à des degrés divers de civilisation, partout et toujours on y trouvera la même loi en action.

Si large et si solide que soit la base de nos inductions, nous ne voulons pas nous en tenir à l'appui que nous y trouvons. Quelques-uns pourraient encore avoir envie de nous dire que, si le désir de l'inégalité a tenu jusqu'à ce jour une place si importante, il se peut que, sous l'influence de conditions nouvelles, il vienne à disparaître devant un autre désir qui, comme motif, produirait les mêmes résultats. Mais si cette prétention vaut quelque chose, toute sa valeur dépend du rapport qu'elle peut avoir avec les faits observés, et le motif qu'elle a en vue doit être quelque motif en particulier. Que peut-il être? La réponse à cette question ne saurait être douteuse. Il n'en a jamais été mis qu'un seul en avant, et c'est effectivement le seul qui soit plausible, même dans une très faible mesure. Donc, le désir qui doit, au dire de plusieurs, remplacer celui de l'inégalité, c'est l'intérêt du bien être de la race humaine en général. C'est la bienveillance pour tous, opposée à l'égoïsme privé. Demandons-nous donc sur quelle base scientifique repose cette opinion qui veut faire jouer à ce nouveau motif le rôle de l'ancien. Poser la question, c'est réfuter l'objection. Les actions qui ont eu la bienveillance pour motif sont suffisamment connues dans l'histoire, pour que nous puissions voir clairement quels en ont été le but et les limites. Elles n'ont jamais eu pour but de créer de nouvelles formes de richesse; mais seulement de soulager les maux actuels de la pauvreté. La bienfaisance vient en aide à ceux qui souffrent de la misère ou de la maladie, elle donne l'instruction, procure même des distractions à ceux qui n'en auraient pas sans elle; elle construit des hôpitaux, des écoles, des maisons de secours, elle ouvre aux pauvres des asiles, mais là se borne son œuvre. Elle ne vise point à l'invention.

Elle nous portera bien à donner un verre d'eau à celui qui a soif, mais elle ne nous conduira jamais à fabriquer une nouvelle liqueur. Elle nous engagera peut-être à donner du tabac à un pauvre, mais supposé que le tabac fût inconnu en Europe, elle ne nous déterminerait jamais à le faire venir d'Amérique. Conçoit-on que la bienveillance, avant le temps des chemins de fer, ait jamais inspiré à quelqu'un la pensée de faire voyager ses concitoyens de Londres à York, à raison d'un mille par minute? Les plus ardents philanthropes, avant les jours du télégraphe, ont-ils jamais eu l'idée d'améliorer les conditions d'une famille vivant à la campagne, ont-ils jamais songé à lui procurer une plus grande somme de bonheur en la mettant en communication avec tous les pays du monde? La réponse est évidemment négative; et la certitude que nous en avons vient d'une très grande expérience, qui nous montre ce que la bienveillance a pu faire jusqu'à présent. Cette expérience est la seule base qui fournisse un appui solide. On croira tout ce qu'on voudra en dehors d'elle, les persuasions qu'on se fera ainsi n'auront pas plus de valeur que les fragments d'un rêve creux. L'expérience nous enseigne que la bienveillance ne peut être excitée que par un motif d'action puisé dans un seul ordre de choses, celui de la privation, de la douleur et de l'absence manifeste de toutes les joies qui sont le partage des autres; en dehors de son but qui s'attaque à ces misères, elle est sans force pour produire une invention pratique ou pour donner naissance au travail. Elle aura beau secouer les ailes de la fantaisie et rêver des utopies où l'homme ferait la conquête de la nature entière; jamais elle ne saura provoquer l'imagination créatrice qui s'emparera de ce projet de conquête pour en réaliser les détails pratiques, encore moins saura-t-elle déterminer une révolution puissante et persévérante, qui pourrait seule mener à bonne fin de pareils projets.

Donc, en ce qui regarde le progrès immatériel du monde, voici ce que nous pouvons au moins regarder comme acquis : d'abord un tel progrès est si bien le fait d'individus privilégiés que, sans leur intervention, il serait impossible ; ensuite, leur intervention ne pourrait avoir lieu si elle n'était motivée par le désir de l'inégalité sociale ; à quoi nous pouvons ajouter que ce désir ne saurait se traduire en action, ailleurs que dans une société où l'on peut arriver à l'inégalité sociale. Il suit de là, que tous ces triomphes du progrès auxquels le démocrate moderne donne tant d'importance, notre commerce universel, nos chemins de fer, nos télégraphes, nos journaux, nos produits multiples de tous genres, seraient restés complètement impossibles dans une société qui n'aurait pas été construite sur les principes de l'inégalité. Et voici ce qui résulte encore des nombreux exemples que nous avons cités. De toutes les modifications qui ont été le résultat du progrès, il n'en est pas une seule qui ait affecté en rien le caractère de l'homme. Bien au contraire, non seulement le désir de l'inégalité est le motif essentiellement nécessaire, aujourd'hui comme toujours, mais à tout prendre, son action n'a fait que grandir et se montre actuellement plus manifeste que par le passé.

Ici peut-être, les démocrates vont prétendre qu'en fait de progrès impersonnel, la civilisation a été poussée déjà bien assez loin. C'est effectivement ce qu'a dit Lasalle d'une façon très expresse. Il ne faut pas, selon lui, laisser aller ce progrès jusqu'à ses limites extrêmes ; le progrès personnel seul doit être désormais celui de l'avenir. Que l'inégalité sociale ait été requise pour faire arriver le revenu annuel de la richesse à son capital actuel, on peut l'accorder ; mais il faut dire aussi qu'elle ne l'est plus pour le maintenir à l'état où il est parvenu. C'est une affaire qu'il a fallu lancer à ses débuts au moyen de l'inégalité ; c'est avec l'égalité qu'il faut la soutenir à présent.

Tel est le point que nous avons maintenant à examiner. Nous avons constaté qu'il eut été impossible de progresser sans le secours de l'inégalité, voyons donc si sans elle nous ne serions pas forcés de rétrograder sur l'heure.

CHAPITRE IX.

L'INÉGALITÉ ET LE MAINTIEN DE LA CIVILISATION.

Il est à peine nécessaire de le dire, toute cette civilisation dont il s'agit dépend absolument, et surtout dans les points qui ont le plus d'importance aux yeux des démocrates, de la division du travail. Cette proposition, nous pouvons la prendre comme un axiome. Il n'y a sûrement pas un démocrate qui en doute. On ne saurait ni mettre un train en marche, ni imprimer un journal sans la division du travail. Fût-il possible à la rigueur de fabriquer sans elle quelques articles de luxe, ce ne serait jamais qu'un luxe rare, à l'usage des riches seulement et dont les pauvres ne profiteraient ni pour le nécessaire, ni pour le confortable de la vie. Il faut plus de bras pour produire un mètre de cotonnade imprimée, qu'un mètre de tapisserie; il en faut plus pour un mètre de droguet que pour un mètre de tapis Wilton, pour le pot d'étain d'une brasserie que pour une coupe d'or sculptée à la façon de Cellini. Plus un produit est populaire et démocratique par sa nature, plus il exige la division du travail. Cette division du travail est, à vrai dire, la pierre angulaire sur laquelle lá démocratie fait reposer son idéal de la richesse en commun. Sans elle, pas d'échange de pensées, pas de rapports de commerce entre les peuples ; les relations du moins deviendraient languissantes et ne se maintiendraient qu'à de faibles distances ; on verrait en définitive disparaître, non seulement la force que donne l'association, mais jusqu'au désir de s'associer. Partout, sous l'influence de l'ignorance, des préjugés et des intérêts locaux, se dissoudraient des liens qui ne sont déjà que trop relâchés. Nos démocrates modernes le savent bien et sont les premiers à proclamer qu'en supprimant les points de contact des populations, on multiplie fatalement les chances qu'elles ont de tomber sous le joug d'un despotisme militaire ou d'un pouvoir aristocratique.

Si donc nous laissons de côté pour le moment

la question du progrès impersonnel, nous avons à constater ici que toutes les vues et les aspirations de la démocratie moderne reposent et doivent reposer sur la division du travail; et voici le point que nous avons présentement à examiner : Comment peut-on maintenir cette division du travail? Nous sommes, sur une question, déjà clairement édifiés. Qu'il s'agisse de l'origine ou de la continuation de cette division du travail, nous savons qu'il a toujours fallu pour la produire un ordre de motifs résultant des conditions externes et des exigences du caractère humain. Et ceci me ramène à une remarque que j'ai faite dans mon premier chapitre. L'économie politique, avons-nous dit, ne fait que cotoyer les bords de l'enquête qui s'ouvre devant nous. Prise par un côté, la division du travail est bien le principal objet qu'ait à traiter l'économiste politique, mais quand il s'agit d'en montrer la cause originelle dans le caractère même de l'homme, le peu qu'il en dit ne sert qu'à montrer combien plus il en passe sous silence. *Cette division du travail*, écrit par exemple Adam Smith, *à laquelle nous devons de si grands avan-*

tages, n'est pas dans son origine le résultat d'une sagesse humaine, qui aurait prévu qu'elle serait une source de richesse universelle et l'aurait instituée à cette fin. Elle devait sortir nécessairement, bien que par un progrès très lent et très gradué, d'une tendance de la nature humaine où l'on ne se propose pas l'utilité générale : la tendance que nous avons à trafiquer, à donner ou à échanger une chose pour une autre. Entre-t-elle dans les éléments fondamentaux et premiers de la nature humaine, dont la raison d'être nous échappera toujours plus ou moins : c'est une question qu'il ne nous appartient pas d'élucider. Toujours est-il que c'est une disposition commune à l'universalité des hommes et qui n'est le propre d'aucun autre animal. En quelques paragraphes très courts, Smith a donné toutes ses explications; il laisse là le sujet et n'a pas l'air de se douter ni de son étendue ni de son importance. Il ne paraît pas qu'aucun de ceux qui sont venus après lui ait été plus clairvoyant et se soit donné la peine d'ajouter quelque chose à ses maigres observations, qui ne sont qu'une ébauche, rien du moins qui mérite d'être mentionné.

La tendance signalée par Smith ne nous donne pas une explication suffisante de la naissance de la division du travail, et il n'y a rien là d'extraordinaire; ce qui l'est bien plus, c'est qu'il se soit borné à essayer d'en expliquer les débuts. Il se demande comment elle a commencé; il faudra bien, on est en droit de le croire, qu'il se demande aussi comment elle s'est développée et comment elle s'est maintenue.

Elle a été la source, observe-t-il, *de la richesse générale;* mais cette richesse, il ne tarde pas à l'affirmer, n'a pas de connexion directe avec la tendance à trafiquer, à faire du commerce ou à échanger. Comment donc alors la richesse générale a-t-elle été produite? Elle ne s'est pas faite toute seule ni par accident. Quelque motif nouveau, ou pour parler comme Smith, quelque nouvelle tendance a dû s'y trouver mêlée. Que peut-elle être? Smith observe, à la vérité et avec raison, que la division du travail est la cause de la diversité des talents des hommes. Elle met un sauvage en état de devenir un chasseur accompli, un autre, d'être un excellent tanneur, un autre, de se perfectionner dans l'art de faire des arcs et des flèches; mais les seules occupations, les seuls talents humains qu'il mentionne, sont ceux qu'exige nécessairement le soin de se procurer les plus simples moyens d'existence. Ces moyens, une fois trouvés en abondance, quelle a été la cause pour laquelle le travail a continué et de plus pour laquelle il s'est différencié, c'est là ce qu'il ne recherche jamais. Si seulement cette dernière question s'était présentée à lui, il aurait trouvé qu'elle appelait son attention sur un ordre de faits entièrement nouveau. Il eût vu que la division du travail chez les sauvages et celle qui se pratique chez les nations civilisées sont séparées l'une de l'autre par deux points qui les différencient. La première d'abord, comme nous l'avons remarqué, s'applique simplement à produire des moyens d'existence, tandis que la seconde commence exactement où finit l'autre et vise à mettre, sur l'ensemble de ces moyens d'existence, le couronnement de la richesse et du luxe. En outre, et ceci a plus d'importance encore, la première ne comporte rien de plus que la variété ou la coordination du travail, tandis que la seconde comprend encore l'inégalité ou la subordination. Pour que les sauvages puissent se maintenir dans la situation stationnaire qui suffit à leur existence, il leur suffit d'avoir des travaux variés; pour produire ou maintenir la civilisation, il les faut non seulement variés mais inégaux. Ainsi, quand il s'agit de pourvoir à l'alimentation d'un village sauvage, le chasseur et le fabricant d'arcs et de flèches ont chacun leur rôle différent, mais tous les deux sont égaux. Homme pour homme, l'un y fait autant que l'autre. S'agit-il de construire un chemin de fer, le manœuvre et l'ingénieur, homme pour homme, ont des rôles absolument inégaux. Le travail de celui-ci embrasse l'entreprise dans tout son ensemble, celui là ne touche peut-être qu'à la millionnième partie. En tout ce qui regarde le travail, nous pouvons donc dire que la civilisation et la barbarie diffèrent l'une de l'autre comme il suit : toutes les deux sont également fondées sur la simple division, mais ce qui distingue la première de la seconde, c'est qu'elle est basée sur la division graduée. Ainsi, dès lors que dans les deux cas nous avons la division du travail, nous pouvons dire encore que la cause spéciale et distinctive de la civilisation n'est pas la division, mais la gradation. C'est à la gradation du travail qu'on doit les chemins de fer et les journaux. C'est la gradation du travail qui fait régner la communauté de sentiments parmi les hommes et permet de regarder comme possible la solidarité démocratique. C'est d'elle que dépendent toutes les espérances et toutes les perspectives de la démocratie moderne. Voici donc à quoi pour le moment se réduit notre enquête : quelle est dans la nature humaine la cause de la gradation du travail ? Tandis que les uns sont bergers, charretiers ou portefaix, quelle est la cause qui nous donne des mécaniciens habiles, des physiciens, des ingénieurs ou des chimistes ? Pourquoi, lorsque, dans leur travail, les uns font entrer pour si peu la pensée, d'autres en font-ils une si grande dépense ?

La cause, je l'ai dite et redite déjà, c'est le désir de l'inégalité sociale. Jusqu'à présent toutefois je me suis borné à l'affirmer. Il me faut maintenant donner un corps à mon assertion. Pour atteindre ce but, je trouve partout à ma portée des matériaux abondants, dont l'observation la plus commune nous met en mesure de nous emparer. Mais il se trouve que nous pouvons nous épargner cette peine; car d'autres déjà les ont rassemblés et nous les avons tous sous la main; je les prends sur un terrain où, d'après ce que je viens de dire, nous n'aurions pas espéré les trouver. Je veux parler des écrits des grands économistes. Les hommes de l'économie politique, comme je l'ai déjà dit, ne se hasardent guère à poser la question que nous étudions, et s'il leur est arrivé de le faire, ils n'ont pas eu l'air de se douter de son importance, ils n'ont eu qu'une idée très imparfaite de sa nature même. Est-ce à dire que cette question s'éloigne trop du sujet de leurs recherches? Aucunement, elle en est au contraire trop rapprochée. Ce n'est pas la première raison qui les empêche de la voir distinctement; c'est la seconde qui les détourne de la regarder. Elle est pour ainsi dire toujours à leurs pieds; et demeurant ainsi sous leurs yeux, elle se trouve en dehors de leur attention. Une des questions principales dont s'occupe l'économie politique est de savoir

16

pourquoi les différents genres de travaux sont inégalement rétribués. Elle en trouve l'explication dans les conditions actuelles de la société. Mais ce qui lui paraît le résultat, elle ne voit pas que c'est en même temps la cause universelle. Elle nous expose laborieusement les raisons pour lesquelles un homme touche un salaire proportionné à ses talents, mais il ne lui arrive jamais de voir qu'en règle générale, la gradation des talents se développe en proportion des salaires. Pour prouver toutefois qu'il en est réellement ainsi, nous n'avons qu'à reprendre le procédé sur lequel j'ai insisté dans le chapitre précédent; nous avons simplement à renverser les faits que nous fournit l'économie politique et à les appliquer, non plus comme elle le fait, d'une façon superficielle à la société, mais d'une manière fondamentale à la nature humaine; nous les verrons nous apparaître alors comme autant d'exemples particuliers d'une loi que l'homme de science entrevoit sans doute, au moins confusément, mais qu'il n'a jamais pleinement reconnue et qu'il ne s'est nullement appliqué à formuler.

Les passages suivants feront comprendre ce que je veux dire : *Nous ne regardons pas*, dit Adam Smith, *nos soldats comme la partie la plus industrieuse de notre population; cependant quand on les a employés à tel ou tel genre d'ouvrage en particulier, quand on les a mis à leurs pièces avec une haute paie, les officiers ont souvent été obligés de stipuler que leurs salaires ne dépasseraient pas par jour une certaine somme, suivant le taux auquel on les payait. Avant cet arrangement, le désir de gagner davantage poussait bien souvent nos hommes à se surmener de travail, au risque de compromettre leur santé par des excès.* Ailleurs, en touchant à la question du travail des esclaves, Smith fait cette observation : *On voit, et l'expérience de tous les siècles et de toutes les nations le confirme, je crois, que le travail exécuté par des hommes libres revient au bout du compte, à meilleur marché que celui des esclaves.* Le professeur Thorold Rogers, dans une note sur ce passage, explique comme il suit la remarque de Smith : *Il est évident que l'esclave, n'ayant aucun motif de tenir au bon emploi de son travail, cherchera toujours à faire le plus de besogne possible avec le moins de peine possible; c'est pourquoi le travail de l'esclave ne peut manquer d'être coûteux.* Voici encore un autre passage de Smith et une autre note du professeur Thorold Rogers. *Par suite de la division du travail,* dit le premier, *le même nombre d'ouvriers est en état d'accomplir un ouvrage beaucoup plus considérable qu'on ne le ferait autrement; la raison s'en trouve dans ces trois particularités : premièrement, chaque ouvrier acquiert ainsi une très grande habileté; deuxièmement, on économise le temps qui se perd d'ordinaire à passer d'un travail à un autre; troisièmement, les nombreuses machines qu'on a inventées facilitent et abrègent le travail et permettent à un ouvrier de faire la besogne de plusieurs.* » A quoi le professeur Thorold Rogers ajoute : *Smith a omis de mentionner une autre conséquence importante du procédé auquel se rapporte ce passage. La division du travail permet de rétribuer à des taux différents les divers agents qui concourent à donner un même produit; autrement, si le travail était commencé et poursuivi dans tout son cours par le même homme, la besogne la plus commune et la plus facile qu'il exécuterait, lui serait payée au taux de la plus haute et de la plus difficile.*

Or tous ces passages reviennent à la même constatation : la somme et la qualité du travail chez un ouvrier se rapportent de façon ou d'autre à la somme qu'il reçoit en paiement. Mais on n'a essayé que très légèrement, et dans le premier cas seulement, de dire en quoi consiste cette relation. Dans le cas des soldats payés à la pièce, Smith envisage sans doute comme il faut la question. Il y donne l'inégalité dans les salaires comme la cause de l'inégalité dans le travail. Mais le peu d'importance qu'il attache, comme en passant, à cette doctrine nous montre à quel point il en a peu compris la gravité et l'universalité; et quand nous arrivons aux deux autres passages, à celui de Smith et au commentaire du professeur Thorold Rogers, cette doctrine qu'on a perdue de vue n'y apparaît plus sous aucune forme distincte. L'esclave, nous dit-on, fera toujours quelque chose, mais le moins qu'il pourra, parce qu'il n'a pas de raison pour se fatiguer davantage. Le professeur Thorold Rogers affirme ainsi un fait évident. Mais pourquoi l'est-il? Il ne l'est pas assurément en tant que fait d'observation, car la plupart d'entre nous n'ont jamais vu d'esclaves et savent très peu de choses sur ce qui les concerne. Il ne peut, s'il a quelque évidence, la tenir que d'une déduction tirée d'une loi générale. Tout travail, qu'il s'agisse de celui des esclaves ou de celui des hommes libres, est toujours en proportion de la grandeur de son motif : ce qui revient à dire que l'inégalité du salaire est la cause de l'inégalité du travail. En outre, quand on nous représente comme une affaire de grande importance, que *les différents agents dans un produit donné doivent être rétribués à des taux différents,* on entend naturellement nous dire que c'est un procédé économique, et le fait que nous l'entendons ainsi est supposé aussi évident que celui qui précède. Mais ici encore, nous demandons d'où vient cette évidence? Elle tient à cela seulement, que nous savons fort bien qu'il est possible d'obtenir à bon compte les genres inférieurs du travail, tandis qu'on ne peut s'assurer les autres qu'à des prix élevés. Ce qui revient à dire qu'on admet implicitement la nécessité de la loi sus-énoncée des salaires inégaux, et qu'on présume implicitement encore l'universalité de cette loi.

Nous pourrions ainsi parcourir tous les ouvrages des économistes sur la question, et dans presque tous les exemples qu'ils empruntent aux diverses branches de l'industrie, nous arriverions à la même conclusion. Partout se présenterait la même loi, tantôt mise en relief, tantôt implicitement reconnue. A la vérité nous verrions bien qu'on se borne à s'y rapporter tacitement, que lorsqu'on la fait ressortir on n'en a qu'à demi conscience. Pas une seule fois, il ne nous arriverait de trouver cette loi distinctement établie, mise en dehors des sombres régions de l'induction pour se montrer au grand jour de l'intelligence. Et c'est pour cette raison que les théoriciens de la démocratie moderne, tout en reconnaissant dans l'état actuel de la société le bien fondé des doctrines des économistes, se persuadent que nous pouvons si bien changer la société qu'elles cesseront enfin d'avoir la vérité pour elles. En d'autres termes, comme je l'ai déjà par deux fois observé, c'est à la société qu'ils rapportent ces doctrines, et non pas à la nature humaine. Il y a là une erreur dont la faute doit retomber sur les économistes. La science qu'ils nous présentent a la tête en bas; tandis que ses racines, ses premiers principes, sont en l'air. Jamais on n'a su les planter dans le terrain solide qui leur convient, celui des faits constants, inaltérables, incontestables du caractère commun à tous les hommes. L'eût-on fait depuis quelques centaines d'années, la plupart des spéculations démocratiques du siècle présent auraient été à peu de chose près impossibles, et l'on aurait par conséquent épargné au monde beaucoup d'espérances vaines et d'amères déceptions, bien du sang versé déjà dans le passé, et pour l'avenir, la menace d'un très gros péril. On persuadera toujours aisément aux hommes qu'une révolution peut métamorphoser la société, il y aurait bien plus de difficulté à leur faire croire qu'elle peut créer une nouvelle nature humaine; et il ne faudrait rien moins qu'une révolution de ce genre pour changer radicalement l'état de choses actuel.

Mais si les économistes ont, comme je l'ai dit, manqué de faire la lumière sur ce point, les faits qu'ils ont amassés en faveur de notre thèse nous fournissent une preuve écrasante. Ils ont soigneusement étudié toutes les branches de l'industrie dont peut dépendre la civilisation présente, et dans chaque branche, ils ont rencontré le même phénomène, à savoir que l'inégalité du salaire marche de pair avec l'inégalité du travail et que les salaires égaux supposent également des travaux égaux. Remonter de ces innombrables particularités à la loi universelle, quand il nous est arrivé une seule fois de le faire, n'est plus que l'œuvre d'un moment. Si, partout où il n'y a pas inégalité dans le salaire, le travail ne s'élève jamais au-dessus des formes les plus simples, les plus indispensables, il suit de là que l'inégalité du salaire est la cause de l'élévation du travail. En d'autres termes, la nature humaine est constituée de telle sorte qu'en dehors de cette inégalité qui lui sert de motif, les formes les plus hautes de l'aptitude ou même de l'application ne sauraient aucunement se produire. En eût-on la volonté, on n'en aurait pas le pouvoir. De même qu'une femme est toujours la cause naturelle qui rend un homme amoureux, l'inégalité en question est aussi la cause naturelle qui fait développer à l'homme ses aptitudes au travail. Dire que toute autre cause pourrait aussi bien les développer, ce serait à peu près aussi juste que de prétendre, qu'à défaut d'une femme, on deviendrait amoureux d'un tapis de table.

Il y a beaucoup de vérités dont tout le monde peut raisonner par induction, tant qu'elles n'ont pas été explicitement établies, et de la nature desquelles on a pourtant si peu conscience, que les plus sérieux penseurs peuvent quelquefois par induction les ignorer entièrement ; mais dès qu'une fois seulement on les a nettement formulées, toute la question change de face. Ces vérités, comme l'ange de Balaam, se dressent subitement devant nous, nous barrant la route intellectuelle, et que nous le voulions ou non, elles nous forcent à les remarquer. Alors, de deux choses l'une : ou bien nous les reconnaissons sur l'heure, et nous leur donnons un assentiment volontaire, ou bien, dans l'autre cas, on est forcé de le donner encore en présence des alternatives auxquelles on se voit acculé. La vérité qui nous occupe en ce moment est de ce genre. Maintenant qu'elle se présente à lui sous sa forme distincte, que le lecteur se demande s'il y a moyen de s'inscrire en faux contre elle. S'il y tient, il ne peut le faire que pour une seule raison, uniquement parce qu'il a quelque autre proposition à mettre en place. Si le désir de l'inégalité n'est pas, comme nous l'avons dit, la seule cause de la gradation du travail, il nous faut assigner cette cause à quelque autre mobile, et ce quelque chose doit être un autre motif humain. Ce motif humain, où le trouver alors? Il n'y en a que deux qu'on puisse invoquer avec une apparence même de raison : la bienveillance d'abord, ce sentiment qui porte l'homme à agir de son mieux pour le bien de la communauté, le plaisir ensuite, qu'on aurait pour sa propre satisfaction, à donner la mesure de ce dont on se croit capable. Voyons donc s'il y a quelque possibilité d'assigner la gradation du travail à l'un ou l'autre de ces motifs.

Quant à la bienveillance, en ce qui concerne les inventeurs et les découvreurs, nous en avons déjà parlé, et nous avons vu qu'en elle-même, elle ne constitue, même pour de tels hommes, qu'un motif absolument sans valeur. A bien plus forte raison la trouverons-nous telle dans le cas présent. Si elle n'a pas la puissance de réveiller l'activité même du génie, d'inspirer à un seul homme l'énergie nécessaire pour enrichir des millions d'individus, il est difficile de croire qu'elle aura plus d'effet sur les aptitudes, et qu'elle obtiendra le même travail au profit de résultats infiniment moindres. Si elle n'a pu déterminer Colomb à faire la découverte d'un nouveau monde, elle aura bien de la peine à décider un commis à s'instruire de la tenue des livres en partie double. A vrai dire, l'idée seule que, dans le monde du commerce ou de l'industrie, un homme s'appliquerait à développer ses facultés sous l'influence d'un sentiment de bienveillance universelle, aurait semblé trop fantastique pour mériter d'être prise en considération, si le positivisme ne l'avait pas effectivement suggérée. Quelqu'un veut-il en douter, qu'il soumette seulement son opinion à une épreuve simple et pratique. Qu'il s'en aille où il lui plaira dans le monde civilisé, à Londres, à Birmingham, à Paris ou à New-York, qu'il cherche comme il l'entendra, dans toutes les branches, à tous les degrés du commerce, à découvrir dans le nombre des employés intelligents un seul d'entre eux qui fasse sa besogne par bienveillance? Où le trouvera-t-on? Supposera-t-on que le conducteur d'un train sur la ligne du *Great-Northern* soit consumé du désir de faire voir Édimbourg aux cockneys Londoniens? que le capitaine du *Cunard steamer* soit un apôtre du commerce international? que les employés du télégraphe aient des sentiments fort éloignés de l'indifférence à l'égard des bienfaits qui résultent de la prompte expédition des dépêches? J'admets que çà et là, il se rencontre un homme qui fasse profession de ces grands sentiments, si pleins de promesses, qui les ressente même, s'imagine-t-on que lui ou ses pareils donneront leurs services gratis, que dans tous les cas ils se contenteront de les voir rétribués au prix du travail d'un laboureur? Nous avons donc là une épreuve simple et concluante, et elle s'applique également à l'autre supposition, où l'on attribue la gradation du travail à la tendance qui porte naturellement l'homme à tirer de ses talents le meilleur parti possible, pour sa propre satisfaction. Qu'on fasse de cette tendance ou de l'autre encore, de la bienveillance, la cause de la gradation du travail, qu'on n'admette pas que ce soit le désir de l'inégalité dans le salaire, il en résultera que les fonctions spéciales seront au même prix que les plus vulgaires. Un excellent capitaine de navire, par exemple, s'engagera pour le prix qu'on donne communément au matelot; inutile de le dire, les choses ne se passent certainement pas ainsi. Aujourd'hui comme toujours, et même plus que jamais, il est certain qu'on est obligé de rétribuer le travail en raison de son excellence, autrement on se garderait bien de le payer à des prix élevés. Non seulement le travailleur ne consentirait pas, à d'autres conditions, à développer ses facultés, mais les eût-il développées, il refuserait de les employer. Et qu'on ne prétende pas que cet état de choses actuel provient de nos arrangements sociaux, et non pas de la nature humaine. Car si jamais la nature humaine a pu réellement avoir, pour se livrer aux plus hautes productions, des motifs autres que celui du désir de l'inégalité, on ne saurait trouver de dispositions sociales plus propres que les nôtres à mettre au jour cette capacité. Tous les patrons aujourd'hui, c'est un fait notoire, ne demandent et ne s'appliquent qu'à trouver un travail supérieur au meilleur marché possible. Si donc le motif de la bienveillance suffit réellement au travail supérieur, s'il en peut exister un autre que celui de l'inégalité, nos travailleurs ont présentement la meilleure occasion de rendre le fait apparent. Ils n'ont qu'à faire de leur plein gré ce que les patrons leur demandent à prix d'argent; mais c'est précisément, et ils le déclarent avec une énergie qui va toujours croissant, ce qu'ils n'ont jamais songé à faire.

Mais peut-être va-t-on nous répondre que, si les travailleurs d'un ordre supérieur ont évidemment aujourd'hui la prétention de gagner le plus possible et refusent de mettre leur œuvre à bas prix, du moment qu'ils peuvent en obtenir mieux, cette cupidité n'est pas chez eux essentiellement liée à leurs aptitudes; ce sont nos dispositions sociales qui, sans en être la cause peut-être, leur donnent pourtant l'occasion de montrer ces exigences. Elles fournissent, peut-on dire, au travail supérieur le moyen, par le temps qui court, de dicter lui-même ses conditions; tout comme la femme qui loue des appartements meublés tient ses prix élevés au plus fort de la saison des bains de mer ; tandis que cette même personne deviendra raisonnable, le jour où elle ne pourra plus rançonner ses hôtes ; ainsi fera le travail supérieur, quand nous aurons modifié nos dispositions sociales. Il ne paraît pas impossible qu'on nous propose effectivement cette réponse. Mais si l'on s'imaginait qu'elle vient à point, il faudrait réfléchir au fait suivant, qui est bien clair et qu'on oublie souvent malgré cela. Quand on parle d'aptitude en fait de production, qu'il s'agisse de celle de l'artisan, de l'ingénieur, de l'homme de science ou de l'entrepreneur de commerce, on ne veut pas nous dire que cette supériorité, une fois appelée à l'existence, doit demeurer à jamais à la disposition du monde. Au contraire, tout ce qu'elle a mis présentement en exercice aura disparu dans une quarantaine d'années, il n'en restera absolument rien ; et dans le cours de cette période, tout ce dont elle nous fait jouir, du commencement à la fin, aura dû se créer à nouveau dans une nouvelle race d'êtres humains. La civilisation humaine n'est qu'un château de sable, qui ne cesse de s'en aller en pièces et qu'il faut toujours reconstruire; si, pendant un demi-siècle seulement, on en pouvait suspendre le dernier procédé, l'immense construction tout entière ne serait plus qu'une ruine informe. Où sont en ce moment et quels sont les hommes qui, dans la prochaine génération, s'occuperont à dissiper les ténèbres à l'aide de la lumière électrique, à répandre à tous les vents, au moyen de la presse, la vérité ou l'erreur, à triompher des distances à l'aide des chemins de fer ou des bateaux à vapeur? Les uns dorment dans leurs berceaux, les autres se mêlent aux enfants de leur école. Ceux-là ne parlent pas encore, ceux-ci peuvent épeler à peine; aucun d'eux en pratique n'en sait plus qu'Adam sur la vapeur, ni beaucoup plus qu'Ulysse sur la géographie et la navigation. Ils ont tout à apprendre par de longs et patients efforts. Pour aucun d'eux la tâche ne sera facile; pour d'autres, elle sera extrêmement pénible. Pas un seul ne l'accomplira que par sa propre volonté, par une volonté qui devra s'ouvrir la voie au travers des difficultés. Quel est donc le motif qui pourra éveiller et soutenir cette volonté? — Les moyens de subsister? — Si l'on s'en tient là, le travail dans sa forme la plus simple suffit à les procurer, et des millions d'hommes ne songent pas à porter leurs vues plus haut. Pourquoi donc une minorité choisirait-elle, pour les remplir, des fonctions d'un caractère exceptionnel? Pas de force extérieure qui puisse ici l'y contraindre, car tant que nous n'avons pas exprimé nous-mêmes la volonté de montrer nos talents, personne ne saurait dire seulement que nous en ayons à montrer. Il dépend de nous de les développer ou bien de les laisser périr. Si donc le travail supérieur peut aujourd'hui nous dicter ses conditions, et s'il exige pour se mettre à l'œuvre l'inégalité de salaire, il faut bien y compter, tant que durera la civilisation, nous le verrons toujours rester maître de la situation; et tant que la nature humaine n'aura pas subi une révolution complète, il ne cessera jamais d'user de ses avantages.

Les observations qui précèdent ont du moins fait voir au lecteur que l'inégalité de salaire, qui partout aujourd'hui marche de pair avec la gradation du travail, n'est aucunement le résultat accidentel des dispositions sociales actuellement existantes, mais bien le résultat nécessaire de la constitution du caractère humain. Et pourtant l'argumentation n'a pas encore pris fin; elle prête le flanc à une autre objection. Même en admettant la vérité de ce qui précède, on peut insister et dire que dans l'avenir le caractère humain pourra changer. M. Herbert Spencer, par exemple, ne le dit pas formellement, mais c'est une théorie qu'on nous chante vaguement et sur tous les tons. Qu'aurons-nous à répondre? En ce qui regarde M. Spencer, la discussion sera bientôt réglée, car s'il n'a pas défiguré sa pensée, le changement dont il nous parle dans le caractère humain est une affaire qui demandera des siècles pour se réaliser; la période qu'il réclame s'étendra même vraisemblablement au-delà de ses calculs. Avec lui donc, au point de vue pratique, pas de discussion possible. En des temps incalculables, d'incalculables éventualités peuvent s'accomplir. Mais qu'un penseur se hasarde à préciser davantage, qu'il expose bien nettement le changement en question, et soutienne que, dans un temps appréciable, nous le verrons réalisé, mettons dans vingt-cinq ou cinquante ans, prenons un siècle, un siècle et demi même ; alors le désir de l'inégalité aura, selon lui, non seulement cessé d'être le mobile de l'action, mais un autre motif aura pris sa place et fera sa besogne ; nous saurons tout de suite quoi lui dire. Nous le mettrons en demeure de nous présenter un signe quelconque, dans le présent ou dans le passé, ou dans le présent comparé au passé, qui puisse nous induire à croire simplement à la possibilité de ce changement. Dans le présent, nous l'avons vu, pas le moindre signe apparent, bien au contraire ; le désir de l'inégalité en tant que motif, est aujourd'hui plus puissant que jamais, et s'il y a là quelque changement, c'est dans une tout autre direction qu'il s'accomplit. Mais, aux yeux du démocrate qui ne doute de rien, peut-être ce changement sera-t-il en lui-même précisément un des signes que nous demandons. Il prétendra que, si dans le passé, le désir de l'inégalité n'a pas eu autant de force que de nos jours, il se peut faire qu'il tombe dans l'avenir au-dessous même de ce qu'il a été dans le passé. Ce désir évidemment varie, nous dira-t-il, et n'a rien de constant, qui donc peut fixer les limites de ces variations? Mais qu'on y regarde de près et l'on verra s'éclipser aussitôt la lueur d'espérance fournie par cette argumentation. Le désir de l'inégalité, on n'en saurait aucunement douter, a, suivant la diversité des temps, considérablement varié dans son importance. Mais les variations qu'il a subies ne l'ont affecté qu'au rapport des autres motifs, jamais au rapport du travail productif. D'autres motifs ont pu le reléguer parfois au second rang, mais toutes les fois que le fait s'est produit, on a toujours pu constater infailliblement que le travail productif rétrogradait exactement dans la même proportion; et réciproquement toutes les fois qu'on a vu le travail productif croître en importance et éclipser les autres occupations, on a pu voir pareillement, et tout à fait dans les mêmes proportions, s'éclipser les autres motifs devant le désir de l'inégalité. C'est une vérité qu'on pourrait très probablement constater à tous les âges du monde, et, chose étrange à première vue, même dans les siècles d'esclavage, tout aussi bien qu'au temps où fleurit le travail libre. L'histoire en particulier du travail des esclaves à Rome jetterait sur cette question comme une longue traînée de lumière. Elle nous mettrait en état de suivre exactement la trace de ce phénomène. Nous y pourrions voir comment, à mesure que le goût du luxe se développait et qu'on se mettait à regarder les esclaves comme les agents du travail éclairé, les rétributions auxquelles pouvait prétendre un esclave se faisaient inégales et devenaient en même temps plus considérables et plus nombreuses. Bref, de quelque côté qu'on se tourne, se révèle partout le même fait. Le désir de l'inégalité et l'aptitude aux productions supérieures ont dû toujours grandir ou tomber ensemble. Le démocrate tient-il à faire appel du présent au passé, l'histoire ne fera que lui répéter avec plus d'énergie ce que ses propres observations auraient suffi à lui apprendre. Elle lui montrera que, pour imprimer une direction à nos espérances ou à nos opinions, la science ou le sens commun n'ont à leur portée aucune méthode d'observation qui puisse nous donner lieu de croire ou d'espérer que le caractère humain, à cet égard, changera jamais, ou même qu'il aura quelque tendance à changer, dans une période appréciable au calcul. Le désir de l'inégalité peut sans doute quelque jour venir à dépérir, mais, s'il en est ainsi, la production dépérira pareillement, et notre civilisation matérielle, en tout ou en partie, disparaîtra du milieu de nous. C'est même un événement qui a peut-être plus que des possibilités. Nous pouvons perdre un jour et ce désir et la civilisation, mais nous ne conserverons jamais la dernière dans un état social qui ne saura pas éveiller et satisfaire le premier.

Notre examen des causes qui maintiennent la civilisation n'est pas encore complet. Nous ne nous sommes occupés jusqu'à présent que du travail à ses plus hauts degrés ; il nous reste à parler des degrés inférieurs, sur lesquels tous les autres reposent et sans lesquels ils n'auraient jamais la puissance de s'exercer. Le motif, ai-je dit, qui produit les formes inférieures du travail n'est pas le désir de l'inégalité, c'est la nécessité de pourvoir à sa subsistance, et ce travail, comme je l'ai dit encore, n'a aucune tendance naturelle au maintien de la civilisation. Quand les sauvages ont produit tout ce qu'il faut pour les besoins de leur vie, ils deviennent aussi incapables de faire un pas de plus dans la voie de la production que s'ils étaient au même moment frappés de paralysie. Rien ne peut les relever de cette impuissance ou leur donner des rudiments d'aptitude aux travaux supérieurs, qu'un procédé analogue à celui dont nous avons trouvé le symbole dans la fable des insulaires et de l'étranger. Une minorité peut, d'une manière ou de l'autre, faire violence à une majorité; elle peut virtuellement mettre la main sur toutes les subsistances de celle-ci, et obtenir ainsi par la contrainte que le travail motivé par le besoin d'aliments fasse plus que de satisfaire aux besoins qui le motivent. Historiquement, cette application de la force a commencé avec la conquête et avec l'institution de l'esclavage, et comme son action se révèle même aux yeux de l'observateur le plus ordinaire, je vais demander encore au lecteur de fixer son attention sur un point.

Nous avons toujours jusqu'à présent envisagé l'existence de l'inégalité sociale, en ce sens qu'elle fournit un motif aux hommes qui veulent monter plus haut. Mais si nous examinons le cas de l'esclavage, nous verrons qu'elle agit encore d'une autre manière sur le travail. Elle ne se borne plus à lui donner des motifs, elle impose des conditions à ces motifs. Dans l'état de servitude, le commun des esclaves reçoit en fait d'aliments, seulement ce qu'il se procurerait dans l'état de liberté. Il n'a pour se former à l'industrie aucun autre objet de désir en vue. Tout pour lui se résume en un fait : ce dont il a toujours besoin se trouve placé dans une condition telle, que pour l'obtenir, il lui faut prendre une autre voie. Le voilà ainsi engagé dans un changement de condition, qui est essentiellement le résultat de la contrainte. Non seulement il n'a pas eu la volonté d'y entrer, mais l'eût-il voulu, il ne dépendait pas de lui de s'y placer. Impossible à lui, quelques efforts qu'il fasse, de mettre à profit le besoin qu'il a de vivre, pour y trouver une cause qui le fasse naturellement travailler trois fois plus qu'il ne faut pour le satisfaire. Si donc une puissance nouvelle est venue, dans son état de servitude, s'ajouter en lui à celle d'un pareil motif, cette puissance provient d'une source entièrement étrangère à lui ; elle n'est pas née d'un désir d'inégalité quelconque qui lui fût propre, mais bien d'une pression qui a pesé sur lui, en vertu d'une inégalité à laquelle d'autres déjà s'étaient élevés.

Si nous prenons, aux premiers âges où le progrès naissait à peine, un esclave, simple manœuvre, le fait ne peut sembler douteux. Toutes les civilisations, comme je l'ai remarqué dans un chapitre précédent, ont débuté contrairement à la volonté de la majorité des êtres humains qui en faisaient partie. L'inégalité sociale a toujours été d'abord celle de la force, ou pour le dire sans ménagements, n'a été ni plus ni moins que l'oppression. Mais si de l'ancien monde nous en venons au monde moderne, du temps de l'esclavage à celui du travail libre, le fait n'a plus la même clarté peut être, quand il s'agit de savoir comment les choses se sont passées dans la période de transition. En quoi donc, dans la manière dont il est influencé par le motif qui le détermine au travail, le travailleur libre, simple manœuvre, diffère-t-il de l'esclave, manœuvre comme lui? Il en diffère profondément dans la plupart des conditions de sa vie. On ne le vend pas ; il peut aller d'un endroit à un autre, choisir son travail, choisir encore son maître et surtout il peut faire des économies ; et tant qu'elles dureront, nul être au monde ne saurait le contraindre au travail. Mais en tout le reste, du moment qu'il lui faut travailler de ses mains et s'astreindre à ce labeur de manœuvre, il se trouve essentiellement dans la même situation que l'esclave ; le travail auquel il se livre a des motifs de telle nature qu'il est obligé d'en faire plus que n'en exigent les besoins qui le motivent. C'est-à-dire que, du moment qu'il produit, il est contraint de produire plus qu'il ne le désire personnellement — en d'autres termes, plus qu'il ne le ferait, s'il n'était pas sous l'empire d'une contrainte extérieure. Ici donc, dans notre civilisation moderne, nous rencontrons le même fait que nous venons de signaler dans l'ancienne. Nous constatons que les formes inférieures du travail ne deviennent productives que sous l'application d'une contrainte quelconque qui s'impose aux travailleurs. Il en résulte donc que, dans l'abolition successive de l'esclavage, voici ce qui est arrivé en réalité. La force qui résidait autrefois dans une classe dominante a passé graduellement de cette classe à l'établissement social en général. Le travail du manœuvre a cessé d'être à la merci du maître ; mais la contrainte que le maître lui imposait autrefois arbitrairement lui est encore imposée par tout l'ordre social qui le remplace, non plus arbitrairement, mais régulièrement et en vertu d'une loi universelle. D'où nous pouvons voir que la plus grande de toutes les révolutions qui se soit accomplie dans les conditions de la production, ne nous offre pas le moindre changement dans la constitution du caractère humain. Pour produire la même somme de travail, les mêmes motifs et la même force doivent être en jeu, aussi bien aujourd'hui que jamais ; le seul changement ou la seule amélioration qu'on ait vu se réaliser ne touche pas aux mobiles mis en œuvre, mais seulement au mode de leur application.

Le maintien de la civilisation dépend donc d'un double mouvement : du développement constant des formes supérieures du travail, et de l'extension constante des formes inférieures ; et dans les deux cas, la cause qui opère est toujours l'inégalité. Dans le premier, elle inspire ce désir au travailleur; dans le second, elle exerce sur lui une certaine pression. Ici, elle se révèle comme une force attractive, là, comme une force impulsive. Mais dans les deux cas, elle arrive du même coup au même résultat. Dans les deux cas, elle revêt le travailleur de facultés qui sans elle lui feraient entièrement défaut. Sans elle, l'industrie ne pourrait plus continuer, de même que sans elle les aptitudes spéciales cesseraient de se développer. Si nous tenons à embrasser scientifiquement le grand problème social, nous ne devons jamais perdre de vue cette vérité fondamentale. La faculté qu'a l'homme de produire plus qu'il ne lui faut pour vivre dépend de causes qui existent sans lui et qu'il n'a pas en lui; et ces causes consistent essentiellement, comme elles ont toujours consisté depuis la première aurore de l'histoire, dans les dispositions, plus ou moins efficaces, des inégalités sociales que nous avons signalées.

CHAPITRE X.

L'INÉGALITÉ ET LE PROGRÈS SOCIAL.

Nous avons envisagé la civilisation matérielle dans le monde sous le triple aspect de ses débuts, de ses progrès et de son maintien ; et chacun de ces trois états en attribue la cause, soit au désir de l'inégalité sociale, soit à la pression qui en vient. En dehors de cette cause il n'y a jamais eu de civilisation, et la décadence de l'une a entraîné la décadence de l'autre. En ce qui regarde l'avenir, nous arrivons dès lors à cette conséquence inévitable : Toute révolution sociale, qui tendra à supprimer les inégalités sociales, tendra pareillement à la suppression ou à l'amoindrissement de notre civilisation.

Il faut toutefois entendre cette assertion dans une juste mesure, autrement elle pourrait prêter le flanc aux attaques des penseurs superficiels ou mal disposés. Il est très vrai que, partout où il n'y aura pas d'inégalités, on ne jouira pas des produits de la civilisation et qu'ils reparaîtront toujours avec les inégalités ; ce n'est pas à dire toutefois qu'on les verra se multiplier constamment, en raison directe de l'accroissement des inégalités, ou qu'ils diminueront toujours, en proportion exacte de la décroissance de ces inégalités. C'est ainsi qu'en France, sous l'ancien régime, les inégalités allaient en augmentant, alors que ces produits diminuaient d'une façon notoire ; et réciproquement, dans ce même pays, quand on a vu décroître les unes, les autres sont allés en augmentant. Mais si l'on a bien compris les arguments qui précèdent, on ne verra rien là que de bien naturel. L'influence qu'exerce l'inégalité sur la production ne tient pas seulement au fait de son existence, mais bien au fait qu'elle existe comme un objet de désir d'une part, comme un moyen de pression de l'autre. L'action qu'elle a sur le travailleur éclairé dépend des chances qu'il peut avoir de la réaliser ; celle qu'elle a sur l'ouvrier, de la façon dont elle lui fait sentir sa pression. Or dans le premier cas, si l'inégalité est trop difficile à atteindre, son influence, comme objet de désir, ne compte presque plus, il en sera alors de l'inégalité comme s'il n'y en avait pas ; dans le second cas, en faisant peser trop lourdement le fardeau de l'oppression, on paralysera le travail dans l'action même qui doit le causer. Son efficacité, comme cause de produit dans la civilisation, ne saurait donc augmenter avec son accroissement que dans une certaine mesure.

En outre, cette mesure elle-même pourra considérablement varier suivant les circonstances. Elle ne sera pas en Angleterre ce qu'elle est en Irlande, ni la même en Chine qu'aux États-Unis. Elle se modifiera suivant le tempérament, l'histoire politique, les succès militaires de chaque peuple en particulier. Ces différences toutefois ne seront que des accidents ; au fond de chacune d'elles on aura toujours le même principe. L'inégalité, en s'accusant de plus en plus, pourra augmenter les produits, tant qu'elle n'en viendra pas à provoquer par ses excès, chez les travailleurs supérieurs, le désespoir ou l'indifférence, à la place de l'espérance ; chez les ouvriers, la misère et l'impuissance, au lieu du courage. Sitôt qu'elle aura dépassé ce point, les produits diminueront ; sitôt que, partant de là, elle se mettra à décroître, on verra de nouveau reprendre la production. Ce dernier progrès toutefois ne doit pas avoir le caractère d'un mouvement qui tendrait à la supprimer, il devra viser au contraire à l'asseoir sur de plus larges bases ; non pas à en réduire, mais bien à en répartir convenablement les effets. Il ne fait donc pas exception à la loi générale à laquelle nous sommes arrivés, à savoir que toute révolution sociale qui tend à supprimer les inégalités tend pareillement à détruire ou à amoindrir notre civilisation.

Dans l'état actuel de la pensée, cette proposition va surprendre peut-être plusieurs d'entre nous, qui y verront une conclusion quelque peu décourageante. Pour le démocrate, s'il en vient jamais à lui donner son assentiment, ce sera naturellement le coup de mort de toutes ses espérances ; mais exposée crûment et sans voiles, elle est capable encore de décourager beaucoup de ceux qui n'appartiennent pas, tant s'en faut, à la démocratie. Car à l'endroit des classes pauvres, elle porte une signification bien claire. Elle signifie que si le monde ne retombe pas dans la barbarie, la distance qui les sépare des classes riches ne sera jamais notablement diminuée et qu'en outre, même en supposant le fait d'un pareil nivellement, ce ne seraient pas les pauvres qui s'élèveraient vers la richesse, mais les riches qui descendraient vers la pauvreté et se verraient réduits eux-mêmes à subir la privation. Si pourtant, au lieu de céder à une impression première, nous étudions scientifiquement les données vraies de la situation, les philanthropes les plus ardents reconnaîtront qu'il n'y a guère lieu pour eux de s'en affliger ou d'en éprouver une déception.

Une seule raison peut rendre désirable la civilisation matérielle. On ne peut la désirer qu'autant qu'elle concourt à faire croître la prospérité humaine. Si les richesses devaient rendre les hommes malheureux, pas un démocrate n'aurait jamais la pensée d'en faire le partage. Le seul motif qu'il puisse avoir pour en demander une répartition nouvelle, c'est qu'il les croit propres à faire le bonheur de l'homme, et s'il en réclame une répartition égale, c'est que, dans son appréciation, le bonheur est généralement en proportion avec elles. Or toute notre façon de juger la question dépend absolument de cette persuasion dernière. Avons-nous vraiment cette conviction qu'il est désolant de croire que nous aurons toujours des pauvres parmi nous. Cette disposition tient toute entière à la persuasion où nous sommes, que le pauvre comme tel est nécessairement plus malheureux que le riche, et que sa vie est toujours misérable en proportion exacte de sa pauvreté. J'ai dit, si l'on s'en souvient, que cette croyance est le premier article du symbole de la démocratie moderne, et j'ai dit encore que ce symbole était accepté, comme affaire de sentiment, par beaucoup de gens qui le repousseraient avec indignation, s'il fallait le prendre pour un dogme. Mais si, comme je le crois, cette donnée s'applique au symbole démocratique en général, elle est beaucoup plus vraie encore, quand il s'agit du point spécial qui en fait partie. On a souvent fait cette observation, que l'histoire du sentiment moderne a pour trait dominant le développement donné à la pitié; et par ce mot, l'on entend un aveu qui reconnaît dans le monde la souffrance physique et morale et qui se joint au désir de la soulager. Or la souffrance sous ces deux formes est sans aucun doute plus grande chez les pauvres que chez les riches, et la pensée moderne en s'attachant à ce fait, est arrivée d'une façon assez singulière à deux conclusions; la première, que c'est la pauvreté qui cause tout le fardeau de la misère humaine; la seconde, que ce fardeau ne peut s'alléger qu'en faisant passer sous un niveau général les inégalités matérielles qui existent actuellement. Ainsi, dans l'état de choses présent, ce sentiment ou ce désir qui s'appelle communément la pitié ou la bienveillance, n'est pas en réalité un seul, mais un double désir. Au vœu qui demande le soulagement de la misère s'en ajoute un second, relatif aux moyens spéciaux d'y arriver, à savoir celui qui réclame l'égalité sociale; et tous les deux se confondent si bien qu'il est difficile de les distinguer dans l'opinion populaire. Est-ce l'effet du progrès incontestable de la démocratie? en est-ce la cause? il n'entre pas dans notre but pour le moment de le rechercher. Il nous suffit de reconnaître que, d'une manière ou d'une autre, le sentiment de bienveillance, tel qu'il existe dans le monde, s'est allié au désir de l'égalité sociale, non seulement chez ceux qui la croient réalisable, mais chez un grand nombre de ceux qui désespèrent d'y arriver.

Pourtant, si l'on excepte la doctrine qui fait du travail la cause de la richesse, on ne vit jamais en matières sociales, pareille fausseté à celle qui sert de base à cette alliance, et si le monde ne prend pas son parti de la mettre à l'écart, on n'arrivera jamais à une conception vraie du problème social. Il faut faire ici, pour bien comprendre la vérité, exactement ce qu'on a fait dans la question de la richesse et du travail : appliquer avec soin la méthode inductive, voiler pour un moment tous les tableaux de l'imagination, imposer silence aux murmures de la sensibilité, observer enfin les faits de la vie, sur lesquels roulent les points en litige. Ces faits sont d'un ordre où l'on ne saurait se méprendre, ce sont les faits du bonheur humain, affectés par des circonstances matérielles ; et nous avons en pratique tant de ressources pour les observer que notre tâche consiste à les grouper plutôt qu'à en recueillir l'évidence.

Que nous dit cette évidence? Elle nous enseigne que, parmi ceux qui ont été comblés des dons de la fortune, beaucoup ont vécu et sont morts pleins d'amertume et de déceptions, tandis que bien des pauvres, au contraire, ont vécu satisfaits et sont morts de même. C'est un fait qu'on a presque entièrement perdu de vue dans les spéculations sociales qui ont marqué notre siècle, et pourtant il est en lui-même si remarquable, il touche de si près à l'évidence, qu'il serait déplacé de vouloir le prouver par des exemples; et la conséquence générale qui en ressort inévitablement n'est guère moins évidente que le fait lui même. Il suit de là en effet que si, dans bien des cas, le bonheur peut croître avec la richesse, il n'est pourtant pas nécessairement en proportion avec elle; que si les pauvres sont généralement moins heureux que les riches, cela ne vient pas de ce qu'ils n'ont aucun des luxes de la vie, mais tient à quelque autre cause d'une nature toute différente.

Quelqu'un serait-il porté à en douter, qu'il mette la vérité de mon dire à l'épreuve de sa propre expérience : est-il riche, accoutumé à une vie de luxe, il ne sera que mieux en mesure de le justifier promptement. Du moment qu'il voudra réfléchir, il verra bien que le luxe, jusqu'à certain point, est chose absolument relative. Il verra, dis-je, que les mêmes conditions matérielles qui lui sembleraient misérables dans telle circonstance lui paraîtront, dans une autre, très brillantes. Il fait, par exemple, le voyage de Paris à Nice dans un *sleeping car,* et il se croit environné de tout ce qui constitue le luxe ; n'est-il pas couché sur un sommier élastique, n'a-t-il pas tout un compartiment pour lui tout seul ? Supposez maintenant qu'au terme de son voyage, on lui offre à l'hôtel une chambre qui soit la reproduction exacte de ce compartiment, au lieu de l'accepter comme un appartement de luxe, il s'y trouvera comme dans un cachot où l'on étouffe. C'est un sportsman, je suppose ; le voilà qui chasse le daim et s'en donne à cœur joie ; comparez donc sa vie à celle qu'il a connue, comme fashionable de Londres. A Londres, à peine osera-t-il sortir quand il pleut, il prendra un hansom pour ne pas faire deux cents mètres à pied ; en Écosse, il compte pour rien la fatigue et la pluie. Il extermine son corps, il se donne beaucoup plus de peine que n'en prend un simple journalier; le même individu qui se résoudrait difficilement à mouiller la pointe de ses bottines, s'il était à Piccadilly, restera couché des heures entières sur le sol humide du comté d'Inverness. Qu'il fasse la comparaison entre ces deux modes d'existence, entre sa vie de chasseur et sa vie dans la société de Londres, il verra pourtant que, dans son opinion et dans celle du monde, la première tient au luxe au moins autant que la dernière et se trouve même plus qu'elle marquée au cachet de la haute fortune. Si donc le riche, accoutumé comme il l'est aux aises et aux recherches de l'existence, peut trouver ainsi que la vie la plus rude peut être à l'occasion celle du luxe, il ne lui paraîtra pas impossible que celle du pauvre, même dans les conditions les plus laborieuses, ne soit pas forcément en elle-même une cause de misère (1).

(1) Il faut remarquer encore que, dans tous les temps, il s'est trouvé des hommes en grand nombre, qui ont estimé que la pauvreté en elle-même, non seulement ne rend pas nécessairement malheureux, mais qu'elle est par elle-même, abstraction

Les riches n'ont tant de peine à le comprendre que parce qu'ils envisagent naturellement la situation à travers le faux objectif de leur imagination. En fait, ils considèrent le pauvre comme un riche qui se serait ruiné, et se le représentent comme sentant la privation d'un confortable dont il n'a pas seulement entendu parler. Les pauvres de leur côté font exactement de même. Ils voient aussi le riche à travers l'objectif de leur imagination, et de même que celui-ci leur attribue une misère imaginaire, ainsi le revêtent-ils à leur tour d'une félicité de pure fantaisie. Mais ici, comme en bien d'autres cas, il appartient à la pensée scien-

faite de certains maux accidentels, plutôt propre à rendre heureux que la richesse.

> O fortunati nimium, sua si bona nôrint
> Agricolæ!

C'est une manière de voir qui n'appartient pas qu'à Virgile ; c'est un dicton de nos jours devenu proverbial, que lorsqu'un riche se plaint de ses peines, le meilleur conseil à lui donner, c'est de l'engager à vivre pour six pence par jour et à les gagner ; et chose curieuse, les démocrates et radicaux même, qui ne songent qu'à exciter l'envie contre les riches, se moquent d'eux et les présentent comme des objets de pitié. Cette opinion est sans doute généralement aussi fausse que l'autre. Je n'en constate l'existence que pour montrer le peu d'exactitude et le vague de l'opinion commune relativement à la question.

tifique de redresser les croyances que déforme à nos yeux l'imagination, et pourvu que nous voulions nous en rapporter à ses indications impartiales et claires, nous verrons bien que la conclusion qui précède est tout à fait incontestable. Le bonheur et la richesse, le malheur et le besoin, n'ont entre eux aucune corrélation nécessaire. Le fardeau des infortunes humaines n'a donc rien à faire avec l'existence des inégalités sociales, et ce n'est pas du tout une raison de désespérer de l'avenir du monde, par cela seul que ces inégalités ne pourront jamais en disparaître.

Que dirons-nous donc en présence des lamentables exemples où l'on voit des malheureux aux prises avec l'abandon, la faim, le froid et la maladie? Que dirons-nous de ces habitations hideuses et malsaines, de ces cours, de ces ruelles qui regorgent de monde, et où nos pauvres s'entassent par milliers? Une chose parfaitement claire. Nous dirons que ces maux ont pour cause la misère et non pas l'inégalité ; que la misère est bien triste, que l'inégalité ne l'est pas. Ce qui cause la misère des pauvres, ce n'est pas le peu qu'ils ont, comparé à ce que possède le riche, mais le peu qu'ils ont en présence des exigences les plus simples de la nature humaine. Je ne trouve aucunement triste qu'un homme ait à son dîner des potages à la tortue et des ortolans, tandis qu'un autre mange des pois et du jambon. Ce qui me semble triste, c'est qu'on ait à dîner la tortue et les ortolans, quand les autres doivent se passer de dîner. De même aussi n'y a-t-il pas lieu de se désoler, si celui-ci habite un palais, tandis qu'un autre n'a qu'un petit cottage; ce qui doit nous désoler, c'est qu'on ait ici des habitations salubres, alors que tant d'autres vivent en des maisons malsaines. Que les plus pauvres gens de notre population soient seulement bien vêtus et bien nourris, qu'ils aient des logements à l'abri de l'infection et de la fièvre, et le commun de nos pauvres, en fait de bonheur, pourra se trouver tout aussi bien que les riches.

Cela étant, toutefois, que devient le fait principal dont on s'est occupé dans ce livre, à savoir l'influence exercée sur l'action humaine par le désir de l'inégalité sociale? Si l'inégale distribution de la richesse influe si peu sur la répartition du bonheur, comment le désir de se faire dans la fortune une plus large part peut-il être le seul grand motif auquel on doit la production et le maintien de la civilisation? Pour répondre à cette question, il suffit d'en revenir aux faits du caractère humain dont nous avons pris connaissance. Mais d'abord, que le lecteur veuille bien le remarquer, il n'a pas été dit que la richesse et la pauvreté n'avaient aucune connexion avec le bonheur et le malheur. On a dit seulement qu'elles n'avaient pas de connexion nécessaire. A certains égards, les biens et les maux en dépendent; à d'autres, ils en sont indépendants. Examinons donc en quelles conditions ces rapports de dépendance existent ou disparaissent.

Disons-le en commençant : en règle générale, les richesses sont plus ou moins essentielles au bonheur, suivant que nous en avons plus ou moins l'habitude, et cela dans une proportion exacte; nous ajoutons qu'il n'y a pas dans la pauvreté une cause nécessaire de malheur, par cela seul qu'elle ne permet pas de vivre dans le luxe; ceux qu'elle rend malheureux sont ceux qui en sentent la privation, et ils le sont dans la mesure même où ils la sentent. Il en résulte que, si grande que soit la fortune d'un individu, elle ne lui garantit pas une somme de félicité plus grande que celle qui revient à de pauvres gens, bien inférieurs à lui ; seulement, il a bien plus qu'eux besoin de la richesse pour avoir une part de bonheur égale à la leur. Voilà pourquoi, lors même qu'il ne vise pas du tout à augmenter sa fortune, il tient encore beaucoup à ne pas devenir pauvre. Il n'ambitionne pas une position supérieure à la sienne, mais il veut garder celle qu'il a. Ainsi, le désir de l'inégalité se révèle sous deux formes. La première n'aspire pas à se faire des conditions meilleures, mais seulement à conserver les avantages acquis. Et ce désir demeure encore comme une cause qui porte constamment au travail ceux mêmes qui ne songent aucunement à se plaindre de leur situation. C'est même en ce sens qu'agit bien souvent l'influence qu'il exerce. D'autre part, quand il se traduit sous la forme d'une aspiration à monter plus haut, la question se trouve bien sans doute un peu modifiée. Celui qui veut arriver à une situation supérieure trahit toujours par cela même qu'il n'est pas absolument satisfait des conditions qui lui sont faites. Mais si, possédé d'un pareil souci, on peut voir clairement la voie à suivre pour améliorer sa situation, si l'on y trouve un motif d'action où l'espoir est en jeu, le mécontentement du moment devient une cause de bonheur et non plus de misère. Et quand on examine en quelles conditions se développe le désir de s'élever, on voit qu'un tel mécontentement est essentiellement de ceux dont on se trouve bien. Le caractère humain, il faut le comprendre, est ainsi fait : le désir de ce qui nous manque n'est pas en rapport avec l'avantage qu'on y voit, mais avec l'espérance qu'on a d'y arriver facilement. Tel grand propriétaire de province, par exemple, aurait bien envie d'être pair du royaume, mais si la voie qui pourrait le conduire à cet honneur ne lui est pas ouverte d'une certaine manière au moins, jamais il ne songera à se faire du chagrin de s'en voir privé. Et de même en est-il dans toutes les classes de la société. A part le cas où l'on souffre du besoin réel, on accepte volontiers toutes les conditions auxquelles on est accoutumé, tant qu'on n'en a pas de meilleures en vue ; encore faut-il, non seulement que l'imagination nous les représente comme telles, mais que la raison nous fasse voir en même temps qu'elles sont vraiment réalisables. On peut le constater aussi, pourvu que l'imagination et la raison agissent d'une manière normale, ces conditions préférables auxquelles on aspire seront la plupart du temps légèrement supérieures à celles où l'on se trouve ; c'est un degré plus haut, mais un degré seulement. On n'ignore pas, qu'au delà de chaque degré qu'on aura franchi, on en verra toujours apparaître un autre ; pourtant, à tel moment donné, on fera dépendre en réalité tout son bonheur de la réussite de ses projets sur le seul point qu'on s'applique à gagner. Tel, par exemple, qui débutera dans la carrière avec le désir de mourir premier ministre, se tiendra très heureux d'abord de se voir réélu en qualité de membre du Parlement. En fait, le désir de s'élever, quand il ne se réduit pas à n'être qu'un vœu stérile, se renferme naturellement dans la limite de ce qu'on voit à sa portée, de ce qu'on a sous la main ; et le degré de sa force est en proportion de la perspective qu'on a de le voir satisfait. Ainsi, plus il a de puissance pour maintenir et faire avancer la civilisation, plus on y trouve un élément, non pas de malheur, mais de bonheur, au contraire; et quand il se rencontre chez un pauvre, il ne prouve pas plus que la pauvreté soit une calamité pour lui, qu'il ne le prouve de la richesse, quand un riche en est possédé.

Mais ici encore nous pourrons nous heurter à une autre difficulté. Si le caractère humain est bien tel qu'on l'a représenté, et si telle est l'action naturelle du désir de l'inégalité, on va se demander comment nous nous justifierons de développer et de propager parmi les masses, non seulement le désir, mais la passion de l'inégalité. La réponse à cette question, bien qu'elle soit complexe, ne saurait nous embarrasser, car nous avons déjà en mains des matériaux abondants pour en donner la solution. Nous avons vu que l'égalité, dans le sens moderne du mot, loin d'être une abstraction, signifie un nivellement dans la richesse matérielle. Nous avons vu en outre que des jouissances actuelles que la fortune procure aux riches, les classes pauvres n'ont même pas une idée. La richesse est uniquement l'objet de leurs désirs, parce qu'il y voient la clef faite pour les introduire dans le domaine d'un bonheur inconnu. Ainsi l'égalité, telle que la présentent au peuple les démocrates modernes, signifie bien un ordre de choses où tout le monde doit entrer dans un nouvel état de vie indéfiniment plus heureux que la situation présente. Mais là ne se borne pas sa signification. Elle signifie encore un ordre de choses qui n'est pas seulement désirable, mais qui, sous l'influence de certain courant d'action, tend rapidement et très sûrement à se réaliser. Or, chacun aimerait à se trouver indéfiniment plus heureux qu'il ne l'est. Sans doute l'idée d'un bonheur indéfini nous affecte peu d'ordinaire; mais cela tient seulement au fait qu'étant indéfinie, elle est aussi d'ordinaire très éloignée. Du moment qu'on nous la montre à notre portée, elle a beau rester indéfinie, ce caractère même ne fait que la rendre plus attrayante ; et cela étant, il n'y a guère à s'étonner de ce que cette perspective de l'égalité, telle que nous la présente la démocratie moderne, soit devenue, parmi les masses qui n'en découvrent pas la fausseté, l'idée la plus entraînante qui ait jamais été offerte à l'imagination humaine.

C'est aussi la raison pour laquelle elle constitue le plus formidable danger qui ait jamais menacé la société ; et pour cette même raison encore, aucun progrès salutaire ne deviendra jamais possible, avant qu'on l'ait mise sous son vrai jour et totalement rejetée. Or, sa puissance et par suite le danger qu'elle présente, on peut le conclure de tout ce qui vient d'être dit, dépendent de deux erreurs distinctes : l'une est une erreur d'imagination, qui présente au pauvre la richesse comme un état de bonheur extraordinaire; l'autre est l'erreur d'une théorie intellectuelle qui la représente comme capable de rendre cet état général. On doit comprendre en outre que si cette théorie intellectuelle n'existait pas, la fausse image suscitée par l'imagination n'aurait d'elle-même en pratique aucune influence désastreuse. Un désir qui ne saurait se réaliser n'est rien qu'un sentiment inoffensif, tant qu'une fausse théorie intellectuelle ne l'a pas représenté comme réalisable. C'est donc à la théorie de l'égalité, bien plus qu'à l'idée du bonheur auquel elle fait appel, que je me suis attaqué dans ce volume; et le point que je me suis efforcé de démontrer est unique et simple à la fois. J'ai essayé de démontrer que l'égalité, proposée comme but du progrès, n'est pas praticable ou impraticable, vraie ou fausse, suivant qu'on y attache un sens complet ou restreint; mais bien que ce n'est pas une condition que nous puissions nous efforcer d'atteindre; que loin d'être un but de progrès quelconque, c'est au contraire un but vers lequel on ne saurait tendre sans rétrograder. Réciproquement, j'ai essayé de démontrer, en outre, que l'inégalité, loin d'être un mal accidentel de la civilisation, est la cause efficiente de son développement et de sa conservation; que la distance qui sépare le pauvre du riche n'est pas la cause de la pauvreté du premier, en tant que celle-ci diffère de la richesse, mais qu'elle est la cause de sa capacité de civilisation, en tant que celle-ci diffère de la barbarie; et que, si jamais aucun des changements qui ont réellement fait avancer la civilisation a pris l'aspect d'un mouvement dans le sens de l'égalité, cet aspect a toujours été, ou trompeur, ou produit par une coïncidence qui n'était rien moins qu'une véritable identité ; car le mouvement en question ne tendait pas à l'inégalité, mais seulement à une disposition meilleure des inégalités.

C'est à la démonstration de cette grande vérité que je me suis borné. Je n'ai point discuté les formes diverses que peut revêtir l'inégalité, et j'ai évité à dessein de m'occuper de la situation et du rôle d'une classe, comme l'aristocratie territoriale, qui n'a aucun rapport avec la production ; par cette raison que, si l'existence d'une telle classe peut en certaines circonstances animer d'un stimulant extraordinaire les entreprises mercantiles et manufacturières, elle n'est pourtant assurément pas essentielle, comme le prouve l'état de l'Amérique, à une civilisation matérielle d'un genre supérieur. Elle a des effets moraux plutôt que directement industriels, lesquels à ce titre, demandent qu'on les traite à part. J'ai pourtant observé déjà que dans la situation de l'aristocratie territoriale, le trait principal que les modernes agitateurs ont réussi à rendre odieux au peuple n'est pas celui de son inutilité productive, mais celui de son inégalité. Et quant à cette dernière, il est parfaitement certain que les masses ne voient en pratique aucune différence entre l'aristocrate de la fortune commerciale ou manufacturière et le pair ou le grand seigneur d'une contrée; s'ils en font une, ce sera plutôt en faveur du dernier. Ainsi, bien que les arguments présentés dans ce court volume aient laissé de côté la question de l'utilité d'une aristocratie territoriale, ils ont montré que le trait principal, exploité comme un abus par les radicaux et par les démocrates, est un trait qu'ils seraient obligés de conserver eux-mêmes, et cela sous une forme encore plus accusée et plus nuisible.

Mais ces observations dépassent la limite que je me suis imposée. La grande importance qu'il y a à reconnaître la doctrine de l'inégalité, ce n'est pas le surcroît de sécurité qu'elle peut donner aux riches, mais le surcroît de confiance dans le progrès qu'elle doit inspirer aux pauvres. Le parti conservateur, dans le siècle où nous sommes, a été parfois sans doute un instrument de résistance et de réaction, et c'est justement pour cela que le parti du progrès lui doit de la reconnaissance. Si les projets de ce dernier, en vue d'un redressement considérable à apporter aux souffrances et aux maux des pauvres, ont rencontré de l'opposition ou de l'indifférence, comme on l'a vu, cette disposition est venue sans doute en partie des préjugés, en partie aussi d'un égoïsme mal entendu chez les hautes classes, mais bien plus encore provient-elle de ce que ces projets eux-mêmes ont été appuyés sur une théorie complètement en désaccord avec les faits de la nature humaine ; sur une théorie que le bon sens du genre humain, en dehors de toute préoccupation passionnée, a du premier coup et instinctivement reconnue pour chimérique et ruineuse. En d'autres termes, la théorie de l'égalité sociale, en identifiant les espérances des pauvres avec la réalisation d'une utopie, d'une part, et la destruction de toute société, de l'autre, a plus contribué qu'aucune autre cause, non seulement à conserver mais à accroître les maux qui résultent des développements modernes de la civilisation. Elle a rendu des pauvres auxquels les souffrances de la misère étaient inconnues, mécontents des conditions qui auraient dû suffire naturellement à leur bonheur, et elle a, pour les pauvres qui en souffrent, coupé court aux meilleures espérances qu'ils pouvaient attendre du progrès, en leur apprenant à dissimuler des réclamations dont on leur eût accordé le bénéfice, sous des exigences qui causeraient leur propre ruine et celle des autres. Elle les a placés dans une situation entièrement fausse. Au lieu de leur gagner les faveurs de la civilisation, elle les a trompés et elle a fait d'eux des ennemis de la civilisation.

Il n'est jamais sage de s'abandonner à de trop faciles espérances, mais si la théorie moderne de l'égalité était une bonne fois discréditée et abandonnée, il y aurait, je crois, de nombreux motifs de concevoir raisonnablement cette assurance, que la cause des pauvres et de ceux qui souffrent s'imposerait en quelque sorte sur l'heure avec une incalculable puissance. La richesse, la culture intellectuelle, la sagesse, la philanthropie, aujourd'hui forcées malgré elles de tenir cette cause en défiance, sinon de la combattre, se rangeraient immédiatement de son côté ; le mouvement qui pousse notre société à un véritable suicide, et qu'on nous donne en ce moment pour celui du progrès, commencerait enfin à être pris dans la réalité pour ce qu'il n'est encore que dans les termes.

FIN.

TABLE DES MATIÈRES.

www.ingramcontent.com/pod-product-compliance
Ingram Content Group UK Ltd.
Pitfield, Milton Keynes, MK11 3LW, UK
UKHW021936200726
13855UKWH00007B/214